韓国語おもしろ表現

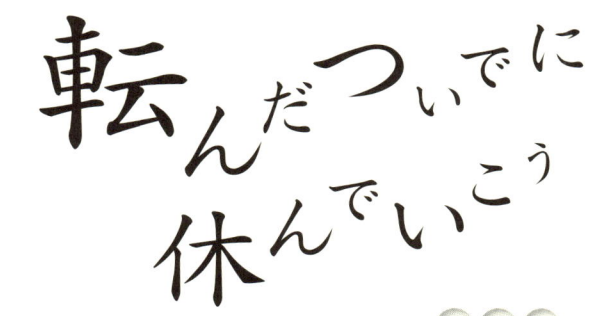

転んだついでに休んでいこう

さし絵 朴民宜
デザイン＆DTP 株式会社アイ・ビーンズ

はじめに

　「ハングル講座」を運営していると、教室で勉強している方たちの様々な悩みを聞くことがあります。仕事が忙しくて思うように時間が取れないとか、年齢のせいか習ったことをすぐに忘れてしまうとか…。歴史ドラマのおもしろさにはまったり、日韓を往来しながらK-POPコンサートに熱心に足を運ぶ人たちも、言葉の勉強については同じような壁に突き当たっているようです。また、検定試験に挑戦するために、日々語学力を磨いている人も、単語を覚えたり、文法の整理にばかり追われていると、いつの間にか学ぶ喜びや、好奇心を忘れてしまうと嘆いています。書店にたくさん並んでいる韓国語のテキストに、「楽に」「早く」「簡単に」というコピーがあふれているのを見ても、言葉の勉強はつらくて、むずかしい、できれば早く終わらせてしまいたいという皆さんの本音を物語っているのではないでしょうか。

　でも、そんなときはちょっと立ち止まってひと休みすることをおススメします。韓国のことわざに **엎어진 김에 쉬어 간다**(オボジン キメ シオ ガンダ)（転んだついでに休んでいく）という言葉がありますが、無理に急がなくても、勉強に疲れた時は寄り道でもしてみましょう。教科書を離れてまわりを見回せば、何気なく目にしていた言葉の中にも、実は長い歳月を通して伝えられてきた秘伝の調味料のように、深い味わいが隠されているかもしれません。トラがタバコを吸ったり、肝臓に便りが届かないなんて、びっくりするような表現に出会うこともあります。そして、実はそれらの言葉の背景には隣国の人々の暮らしや、独特の文化が息づいていて、そこから歴史をたどっていくことも、めまぐるしく移り変わる現代社会のキーワードを探り当てることもできるのです。

　この本はいわゆる語学学習書とは違って、様々な表現の向こうにある豊かな世界をのぞいてみようと、道草をくいながらおしゃべりするような、肩の凝らない言葉のエッセイです。練習問題も課題もありませんから、どうぞお茶でも飲みながら、気楽にページをめくってみてください。それぞれの表現には便宜上番号がついていますが、順番通りに読む必要もありません。興味のあるテーマが見つかったら、そこが楽しいハングル・ワールドの入口。先人たちの知恵や、現代人のセンスあふれるユーモアがぎっしり詰まった、韓国語表現のおもしろさを心ゆくまで味わってみてください。

目次

はじめに……………………………………………………3

キムチスープから先に飲むなんて　食べ物編……………………7
1. キムチスープから先に飲む
2. ワカメスープを飲む
3. ネギキムチになる
4. きな粉家族
5. ゴマがこぼれる
6. キジも食べ、卵も食べる
7. ポンデギの前で折り目つけ
8. 飴売りの心次第
9. うま味、味わいがある
10. お腹がふくれる話をする
◆ 合格祈願の贈り物
◆ 韓国の三大珍味？
◆ 八道味めぐり
◎ 表現「食べる」の比喩………………………………25

キム書房を探せ！　家族・親戚編……………………27
11. 嫁に行く／婿になる
12. 相親の八親等
13. 親孝行観光
14. 金持ちの一人娘
15. よしよしと言うことを聞く
16. 親族関係になぞらえる呼び方のいろいろ
17. 兄（姉）に優る弟（妹）はいない
18. 「爺さん」と「婆さん」
19. ソウルでキム書房探し
20. 渡り鳥父さん
◆ 済州島の伝説
◆ 韓国の多文化家庭

トラがタバコを吸っていた頃　動物編……………………43
21. ネズミにも鳥にも知られずに
22. 黄牛のような強情
23. トラがタバコを吸っていた頃
24. 通り過ぎた犬が笑う
25. クマのような女／キツネのような女
26. 豚の夢
27. ウサギとカメ
28. エビのように寝る
29. カササギが鳴けば…

30. 江南に行っていたツバメ
◆ 十二支の話　　　　　　　　◆ 建国の日、開天節
◎「吉兆表現」を調べてみましょう……………………………………… 59

ひとすじの思い、タンポポ　　　愛情・友情編 ……………… 65
31. 心にとどめる / 情けをあげる　32. 恋の病にかかる
33. 天が定めた縁　　　　　　　34. 春香伝と密陽アリラン
35. ひとすじの思い　　　　　　36. 絵がいい
37. 憎い情、美しい情　　　　　38. 友だちになろう
39. 針の行くところ糸も行く　　40. あなたと友
◆ 民族のうた、アリラン　　　　◆ 님のつく言葉

十年たてば山河も変わる　　　　自然・天候編 ……………… 81
41. 十年たてば山河も変わる　　42. 山を越えれば（また）山だ
43. 天が崩れても這い出す穴はある　44. 水の向こうに行ってしまったこと
45. にわか仕事　　　　　　　　46. 風が吹く
47. 暗雲がたちこめる　　　　　48. つららの漬物
49. 夏バテする / 寒さに弱い　　50. 陽が西から昇る
◆ 千字文に注目！　　　　　　　◆ 天気予報の話

ああ、わが運命よ　　　　　　　数字編 …………………………… 97
51. 一つだけ知っていて二つは知らない
52. 三日坊主　　　　　　　　　53. 4は不吉な数字？
54. 五臓がひっくりかえる　　　55. 五感と第六感
56. 七月　七夕　　　　　　　　57. ああ、我が運命よ！
58. 十回斧を入れて倒れない木はない
59. うちの赤ちゃん、百日祝い　60. 千万のお言葉
◆ 生活の中の占い　　　　　　　◆ 無限リフィル

「お姫様病」にはつける薬もない　歴史編 …………………… **113**
 61.　両班は死んでも漢文を書く　　62.　族譜にない〜
 63.　「お姫様病」にはつける薬もないというけれど
 64.　王手！まだまだ！　　　　　　65.　冠帽をかぶる
 66.　ひどく殴る、むやみに騒ぐ　　67.　丙子年のため池だ
 68.　男の子、女の子　　　　　　　69.　萩の馬に乗せる
 70.　相撲をとる
 ◆　王族の呼び名
 ◎　「身体表現」を比べてみましょう……………………………… **129**

人の家の宴会に口を出すな！　味わい表現編 ……………… **133**
 71.　他人の祝い事に柿を置け、梨を置けという
 72.　漢方薬局の甘草　　　　　　　73.　いわれのない墓はない
 74.　ふくべを掻く　　　　　　　　75.　行く日が市の立つ日
 76.　安城のあつらえ鍮器
 77.　一人で太鼓を打ち、チャングも打ち
 78.　コムシンを逆さに履く　　　　79.　バスが行った後に手を振る
 80.　食べるものがなくても go　　 81.　転んだついでに休んでいく

ちょっと気になる言葉たち　　　おまけ編 …………………… **149**
おまけのオマケ　　　　　　　　あとがきにかえて ………… **163**

凡例

（　）：例文の訳、説明。
〈　〉：漢字語。ただし日本で用いている対応する略字体で示す。
諺　：伝統的な諺。
☞　：対応する日本語の諺や慣用表現、または意訳。

※ 文中の韓国語表現（詩、民謡なども含む）の訳はすべて著者による。

キムチスープから先に飲むなんて

食べ物編

旅先で、その土地の文化に触れる最も手っ取り早い方法は、郷土料理を味わうことだと言われます。長く伝えられてきた料理や食事の習慣などには、彼の地に生きる人々が長い歳月をかけて共同で作りあげた生活の知恵や工夫がぎっしり詰まっているからでしょうか。米が主食で、海の幸、山や森の恵みを豊かに味わえる日本と韓国・朝鮮はたくさんの共通点を持ちながら、独特の食文化も発達させてきました。それは生活の中で使われる様々な表現に見え隠れして、豊かな味わいと想像力をかきたててくれます。振り返ってみれば、「刺身のつま」「舌鼓を打つ」など、食べることに関連した慣用表現は、日本語の中にもたくさんあります。そこには刺身料理に必ず「つま」が添えられるという、日本の食習慣が垣間見えますし、美味に思わず鼓を打って興に乗るという、古典芸能の世界までもが目の前に広がってくるような気がします。ここでは韓国語の「食べること」にまつわる表現を味わいながら、その背景にある食文化や生活ぶりを考えてみることにしましょう。

① 김칫국부터 마신다
_{キムチックップト　マシンダ}

諺 キムチスープから先に飲む
▶相手の真意も知らず、勝手な思いこみで行動してしまうこと

　김치と言えば言うまでもなく韓国の味覚を代表する食品。これを煮干しのだし汁でぐつぐつ煮込んだスープが김칫국です。余計なものは入れずにそのまま飲んでも、豆腐や干ダラを加えても、胃もたれや二日酔いを解消してくれるシンプルな味わいの一品。

　実はこのことわざの前には、**떡 줄 사람은 생각도 않는데**（餅をふるまおうとする人はまだ考えてもいないのに）という前置きがついています。**떡**（餅）を作るときはいつも多めにたっぷりとこしらえて、隣近所や親戚の人に配るのが普通だったし、今でも引っ越ししたときに近所に「引っ越し餅」を配る習慣が残っています。まためでたい席では、たとえ知らない人でも一緒にお祝いに加わらせてもらえる気前の良さが、美徳とも思われていましたから、通りすがりの人でも**진수성찬**〈珍羞盛饌 ☞ごちそう〉を味わえる幸運に恵まれることも無きにしもあらず。しめしめ、ごちそうにありつけると思いこんだ人が、招待されもしないのに食べた気になって、本来は腹いっぱい食べた後、すっきりとお腹の調子を整えるために、最後に飲むはずの김칫국から先に飲んでしまうというお話。

　日本では「とらぬ狸の皮算用」ということで、タヌキを殺して皮を売る算段をするという、やや残酷な話になりますが、こちらは落語の主人公みたいにユーモラスな味わいが感じられます。自分に都合よく解釈してすっかりその気になっている、早とちりに向かっては**김칫국 마시지 마！**（キムチスープを飲むな！）と言ってやるのが大人の分別というものです。

　김칫국と떡はこうして昔から深い関係にあったわけですが、餅と酒もなかなかの因縁を持っているようです。毎年秋には慶州で경주 떡과 술잔치（慶州 餅と酒の祝宴）が開催されたり、京畿道でも「餅名匠 家

醸酒人選抜大会」というイベントがあるくらいです。大会のホームページによれば、「私たちにとって餅と酒は単純に飲食という以上の価値を持った、固有の文化」というほど大切なパートナーなのです。

ところで韓国で떡と言うと、떡국や떡볶이のように粘りのない餅を思い浮かべるかもしれません。でも日本と同じもち米で作った餅もあって、主にお菓子として食べますが、やっぱり臼と杵で搗くわけです。ぺったん、ぺったんと搗いた餅は変幻自在に形を変えて、右に力を加えれば右向きに、左に寄せれば左向きと、まるでふらふらと倒れそうになったり、道端に座りこんだりする酔っぱらいの姿を思わせるんじゃないでしょうか。**술이 떡이 되다 / 술에 떡이 되다**（酒で餅になる ☞すっかり酔っぱらう）とは、まさにこれを表わした言葉。

ちなみに大酒飲みは**술고래**で、べろべろに酔ってしまった人は**고주망태**と言います。「コジュマンテ」だなんて何だかヨーロッパの言語のように聞こえるかもしれませんが、これはれっきとした韓国語で、고주は酒を漉したり、絞り出す器具のこと。망태は麻縄を編んだ袋で、고주の上に乗っている망태は酒びたりになるということからきたものです。

② 미역국을 먹다
ミヨックグル モッタ

わかめスープを飲む
▶試験に落ちる

韓国の食卓ではいかにスープが大きな役割を果たしているか、しばらく滞在して日々の食膳を垣間見たことのある方はご存じではないでしょうか。日本でも一汁三菜などというように、味噌汁やお吸い物がセットになっていると言えますが、どうもおまけのような扱いです。一方韓国では、ご飯より大きな器にたっぷりと注がれて、時には汁の中にご飯を入れて食べることにもなるという、メインディッシュのような風格があ

ります。そこで김칫국に続いて、今度は**미역국**のお話です。

　わかめスープと言えば、誕生日に出されるもの、あるいは出産を終えた母親が健康回復のために飲むスープというイメージがあるかもしれません。確かにわかめに含まれるヨードやカルシウムなどの成分は母乳の生成を助けたり、新生児の栄養として必要なものと言われ、産後しばらくは、ほとんど3食わかめスープを食べることになっています。そこから母親の出産の苦労を思いやるという意味で誕生祝にも登場するわけですが、誕生日を迎えた友人に対して**미역국 먹었어？**と声をかけるのはこのためです。

　ところが人生はコインの裏表。人間万事**새옹지마**〈塞翁之馬〉（☞人生の幸不幸は予想できない）とでも言いましょうか。わかめは必ずしもいいことばかりではないようです。あの、つるつる、ぬるぬるした触感は大事な試験を前にすると、不吉な「滑る」という言葉を連想させて嫌われるのです。試験に落ちてしまった友人が**미역국 먹었어！**と嘆いていたら、**힘내라 화이팅**（ガンバレ、ファイト）と励ましてあげましょう。反対に餅や飴は「良くくっつく」ということで、受験生への贈り物としても人気があるそうです。

コラム　合格祈願の贈り物

　餅や飴の他に喜ばれるものには、耳がVサインの形と言われる「ウサギのニット人形」、20時間も樹にぶら下がったまま寝ていても落ちないことから「奇跡のコアラ・ペンダント」などがありますが、日本の「勝つ丼」みたいな語呂合わせも盛んです。鏡＝**잘 봐**、トイレットペーパー＝**잘 풀어**、フォーク形のチョコ＝**잘 찍어**、野球のバット・ミニチュア＝**잘 쳐**、カステラ＝**가서 되라**…、カソテラだなんてこれはちょっと苦しい！

　日本のセンター試験に似た**수능시험**〈修能試験〉は毎年

11月頃に行われますが、試験日が近づくと本人も周りの人たちも、**물에 빠진 사람은 지푸라기라도 잡는다**（溺れる者はわらをもつかむ）という気持ちになるのは当然なのでしょう。それでも試験さえ終われば、受験生をいたわる気持ちから（？）飲食店、携帯電話、美容室などの割引サービスやサッカーの無料観戦からニキビ治療の割引まで盛りだくさんな特典が彼らを待っているのです！

※시험을 보다、시험을 치다は「試験を受ける」、풀다は「解く」

③ 파김치가 되다
（パギムチガ　テダ）

ネギキムチになる
▶ 疲れてぐったりする

　김치は韓国の食文化を代表する食品と言われながら、慣用語やことわざとして登場するのは意外に少ないようです。先の **김칫국부터 마신다**と、この **파김치가 되다**、他には **다 파먹은 김칫독**（全部食べた後のキムチかめ ☞ 役に立たなくなったもの）くらいでしょうか。あまりにも日常的に目にし、生活にとけこんでいるために、かえって特別な意味合いを盛りこむのが難しいのかもしれません。

　김치の種類は材料、地域、季節などによって千差万別、おおよそ300種類はあるだろうと言われます。**배추**（白菜）**김치**、**오이**（キュウリ）**김치**、**무**（大根）**김치**などが一般的に知られていますが、**열무**（大根菜）、**부추**（ニラ）、**깻잎**（ゴマの葉）、**갓**（からし菜）など、市場に行ってみれば素材の多さにびっくりしてしまいます。**파김치**は主に全

羅道で生産される、通常の長ネギより細めの、白身の多いネギを使うと言われます。長ネギは普段、しゃきっとした姿で立っていますが、様々な薬味を加えて漬物にすると、しんなりとして柔らかくなります。この様子が、あまりにも疲れ果てて、ぐったりとしている人間を例えるのに用いられるようになりました。白菜やキュウリ、大根も当然そうなるわけですが、漬ける前後の落差がいちばんはっきりしているせいか、「ネギキムチになる」という言葉が定着しています。

　でも、本当に疲れて食欲もなくなってしまったときは、熱いご飯に冷たい水をかけ、よく漬かったパキムチを一つまみ載せてかきこむように食べると最高だと言いますから、ネギキムチになるのも悪くないかもしれません。同じ意味で **녹초가　되다**（溶けたろうそくになる）という言葉もあります。녹초というのは녹은　초つまり燃えて溶けたろうそくのことですが、これも柔らかくなって、元の形を保てなくなってしまった姿から連想されたのでしょう。

❹ 콩가루 집안
<small>コンガル　チバン</small>

きな粉家族
▶ 絆を失った家族

콩가루は大豆を挽いた粉で「きな粉」のこと。日本では「おはぎ」にまぶしたり、つきたての餅につけて食べたり…どちらかと言うと、お菓子系の食品でしょうか。海の向こうでは、朝鮮時代の1670年頃、慶尚北道、安東の名家に暮らす女性が、ハングルで記した最初の調理百科と言える『**음식디미방**』〈飲食知味方〉という書物にも登場するほど、きな粉は古来より滋養食品として料理に用いられ、重宝されてきました。

　집안は家庭、家族、家門などと訳されますが、「きな粉家族」とはいったい？　きな粉は他の穀物粉（小麦粉、米粉など）に比べて粘り気がなく、水を入れて団子にしてもすぐに崩れてしまいます。家族に例えれば、お

互いに好き勝手なことをしてばらばらで、良く言えば友だちの集まりのように風通しがいいとも言えますが、家族の絆を大切にして、長幼の区別に重きを置いてきた韓国的家族観からすれば、しっかりした秩序もなくて破格です。韓国のホームドラマなどでは、伝統的な家族の強い結びつきを描く反面、そんな典型的な家族像から弾けてしまったような**콩가루 집안**が登場して、笑いの強度を高めるという手法も見られます。

韓国では**웹툰**(ウェブトゥーン)という、インターネットで見る無料のマンガがありますが、文字通り『**콩가루**』という家族マンガが大人気です。夫婦に子ども二人という家族のそれぞれがしたたかな個性の持ち主として登場しますが、たとえばある日父親が「このごろ家長としての権威が無視されている!」と憤慨しながら、酔った勢いで大暴れしたら隣の家だったとか、小学生の息子が母親となぞなぞ遊びをしているとき、「心臓が二つある人間はなーに?」という問題に母がわからないでいると、「お姉ちゃん!」と答えます。母親は血相を変えて娘を追いかけまわし、「あんた、また妊娠したのね!」と言ったり…。劇画調の絵がなかなかの迫力で、콩가루 집안のドキドキ、はらはらする日常を見せてくれますから、一度ご覧あれ。物や人間関係が壊れてばらばらになってしまうことを**콩가루가 되다**ということもあります。

❺ 깨가 쏟아지다

ゴマがこぼれる
▶ 幸せいっぱいだ

「ゴマがこぼれる」と言われて、ゴマの収穫の場面を思い浮かべることができるでしょうか。穀物や野菜の収穫は重かったり、数が多かったり、手間がかかって取り入れの喜びとともに、作業の辛さが身にしみる時期でもあります。ところが、ゴマの場合はどうでしょう。びっしり実の詰まった殻を立てて乾かした後は、すっかり開いた殻を軽く叩くだけ

で、ばさばさっと大量のゴマがいとも簡単にこぼれ落ちてくるのだそうです。ゴマ作りそのものは重労働ですが、その瞬間にはこれまでの辛さも忘れ、楽しく幸せな気分に浸れると言うわけです。ここから、楽しくおもしろみがあったり、香ばしい香りをふりまくものを表わす絶妙なたとえとして使われるようになりました。**깨가 쏟아지게 재미있는 과학세계**（ウキウキするほど楽しい科学の世界）、**깨가 쏟아지는 찰시루떡**（香ばしい小豆餅）。

　また、芸能記事やバラエティ番組などで、新婚夫婦やカップルについて語るときよく目にするのもこの表現です。たとえば、**깨가 쏟아지는 신혼 생활**（幸せいっぱいな新婚生活）のように。また、新婚夫婦の家に行って、**깨소금 냄새가 나다**（ゴマ塩の匂いがする）と言うのもよく耳にする言葉でしょう。깨소금はゴマを炒って塩を加えて作る調味料やすりゴマのことで、香ばしい香りが食欲をそそります。新婚の家を訪ねた友人が、わざとらしく鼻をくんくんさせて、**응〜, 깨소금 냄새가 폴폴 나네！**（う〜ん、ゴマ塩の匂いがぷんぷんするね）なんて言ってるのを聞くと、なぜかこっちが恥ずかしくなってくるような…。

　ちなみに夫婦が仲むつまじく暮らしていることを、**금실이 좋다**と言いますが、これは금（琴＝コムンゴ）と실（瑟＝琵琶）という二つの楽器の相性が良いことに由来するそうです。**쏟아지다**はもともと、「一度にあふれ出す」「降り注ぐ」という意味で、**밤하늘에 별이 쏟아지다**（夜空に星が降り注ぐ）のようにも使われます。いくら甘〜い新婚生活でも、イチャイチャし過ぎて**코피가 쏟아지다**（鼻血が吹き出る）とならないよう！

❻ 꿩 먹고 알 먹는다
　　クォン　モッコ　アル　モンヌンダ

諺 キジも食べ、卵も食べる
▶ 一石二鳥

　キジは草原の窪みなどに巣を作るので、卵を手に入れることはそれほど難しくないと言われます。ただし、親鳥の美しい羽は草にまぎれて見分けにくいので、まず親キジを確保するためには耳を澄ませて鳴くのを待ちます。漢文で「春雉自鳴」という言葉があります。春になるとキジは、つがいを求めて自ら鳴くということですが、不注意な行動で自ら災いを招くという意味もあるようです。꿩！という鳴き声（キジの名前は鳴き声に由来）で、猟師はその在りかを知ることになります。その結果「キジも鳴かずば撃たれまいに…」で、親鳥だけでなく卵までいただき！ 一石二鳥、一挙両得となりましたとさ。

　ところで、これと似た表現に **님보고 뽕도 딴다**（あなたに会って、桑も摘む）という表現があります。その昔、女性が自由に外出もできなかった時代に、唯一の気晴らしはカイコの餌になる桑の葉を摘みに、桑畑に行くことでした。桑の木は大きくなれば２ｍにもなるそうで、桑畑に入れば外からは姿が見えない。そこで好きな人としばしの逢瀬を楽しむのに、最高の場所となったわけです。님は愛しい人のこと。恋人にも会って、帰りに桑の葉も摘んで…という艶っぽいお話。

　꿩の出てくることわざには他に **꿩 구워 먹은 자리**（キジを焼いて食べた場所）というのがあります。貴重な肉であるキジを捕まえた人が、他の人に気づかれないよう自分一人で食べてしまい、その痕跡を残さないということで、何かをした痕が全くない状況を指すと言いますが、何だか身につまされる話ですね。**꿩 대신 닭**（キジの代わりに鶏）というのもあります。必要なものがないとき、似たようなものを代わりにするという意味ですが、日本で「きじ丼」と言うと、キジ肉ではなくて鶏肉を甘辛く照り焼きのようにしたものですから、まさに꿩 대신 닭そのまんまです！

❼ 번데기 앞에서 주름 잡기

ポンデギの前で折り目つけ
▶ 釈迦に説法

　カイコと言えば、韓国旅行をした方なら、路上で小さなタライの中にうごめく（実は動いていませんが）ように見える不気味な**번데기**の姿に、思わず息をのんだ経験があるのではないでしょうか。これはカイコのさなぎを蒸して、醤油で煮込んだもので、食べてみれば意外と香ばしく、独特の風味を持っています。低カロリー、高タンパク食品で、成長期の子どもにも良いとか。そのせいか遊園地で、ポップコーンでも食べるように、紙コップに詰まったのをつまんでいる子どもの姿もよく見かけます。それにしても見かけはちょっと…。1970年代に青春時代を過ごした人たちは、道路も凍りつくように寒い冬の日に、道端の屋台でほかほか湯気を立てるおでんの串と、ポンデギを口に頬張った思い出が懐かしいと言いながら、哀愁をこめてこんな詩を作ったりしています。

　　世の中のありとあらゆる憂いをそっくり抱えこみ横たわるおまえ
　　どんなに辛いのか　かくも多くの苦悩をその身に深く刻みつけて

（장팔현 詩作 놀음より）

　あのしわだらけの、くしゃっと捻じれたような姿は、この世の苦悩や憂いを一身に抱えこんでいるからなんですね！　そう思うとますます味わい深く噛みしめたくなるような気がします。

　さて**주름 잡다**とは、ズボンやスカートに折り目をつけること。折り目（しわ？）がいっぱいついた번데기の前でそんなことをするなんて！　これは「釈迦に説法」と言うような意味合いで使われますが、何ともユーモラスな表現ですね。似たような言い方に**공자 앞에서 문자 쓰기**（孔子の前で漢文書き）とか、**포크레인 앞에서 삽질하기**（パワーショベルの前でスコップ掘り）等々、ユーモアのセンス抜群ではないでしょうか。

コラム　韓国の三大珍味？

　まず、これも露店や市場の食堂でおなじみの**순대**。豚の腸詰とも言われますが、中身は春雨に似たタンミョンにもち米や屑菜を加え、豚の血を混ぜたもの。とぐろを巻いているものをスライスして、塩胡椒につけながら食べますが、スープの具にしたり、炒め物としていただくこともあります。ソウル大近くの新林洞には**순대타운**（スンデタウン）なる専門店街もありますからバリエーションを楽しみたければ足を運んでみてください。味は…、特に驚くようなことはなさそうですが、微妙です。

　血といえば、牛の血を固めてスープの具にした**선지국**というメニューも強烈な印象を与えてくれます。野菜たっぷりのスープの中に、茶色の穴あきスポンジのようなかたまりがフワフワと浮いていて、手をつけるべきか否か一瞬ためらってしまいますが、食べてみれば「血」というイメージとは違って、生臭くもなく、レバ刺しのような触感でスルスルと口に入ってきます。二日酔いの酔い覚ましにもいいと言われます。

　最後は全羅道地方の郷土料理でもある**홍어회**（エイの刺身）ですが何と言ってもあの、目の覚めるようなアンモニア臭に思わずたじろいでしまうのではないでしょうか。エイの身を壺の中に1週間ほど寝かせておくと、発酵が起きて独特の匂いが生まれるとか。セリやキュウリなどと一緒にコチュジャンで和えれば、多少その鼻を突き刺すような異臭を忘れられるという説もありますが、口の中に入れたまま深呼吸をしたら、失神してしまうという噂もあります。

　보기 좋은 떡이 먹기도 좋다（見た目に良い餅が味も良い）という言葉がある一方で、**고기는 씹어야 맛을 안다**（肉は噛んでこそ味がわかる）とも言いますから、見た目だけで敬遠しないで果敢にチャレンジしてみてはいかがでしょうか？

8 엿장수 마음대로
_{ヨッチャンス　マウムデロ}

飴売りの心次第
▶胸先三寸で決めること

　엿장수（飴売り）、**약장수**（薬売り）、**뱀장수**（ヘビ売り）といった露天の商いは、独特の口上や歌、大道芸などをともなった路上パフォーマンスで人々の心をとらえたものですが、日本の「ガマの油売り」のように、今はお祭りのイベントなどでかろうじてその姿を見ることができるものになってしまいました。中でも엿장수は歴史も古く、朝鮮時代の有名な民俗画家である金弘道の『씨름』（朝鮮相撲）の中に描かれているほど庶民の暮らしに根づいたものでした。伝統的な飴売りは、刃の部分が平べったく大きなはさみをカチャカチャ鳴らして売りに来たことを知らせたそうです。手作りの飴は形も大きさも不揃いで、お金を出して買うより、家にある古くなった履物、鍋、服などと物々交換するのが普通だったそうです。子どもたちは美味しい飴を食べようと家中を必死に探しては、こっそりと品物を持ち出していきますが、果たしてどのくらいもらえるのか、値踏みをするのは飴売りの気持ちひとつ。そこから「一定の客観的な基準ではなく、自分勝手に判断して決められる」状況を指す表現となったそうです。飴を売りながら歌う**엿타령**（飴売り節）にはこんなものもあったと言います。

　　장가 못간 총각은 장가 가게 하고 시집 못간 처녀는 시집 가게 하는 울릉도 호박엿이요~
　　（嫁をもらえぬ独り者は所帯が持てる、嫁に行けない行き遅れは玉の輿に乗れる、ウルルン島のかぼちゃ飴~）
　　둘이 먹다 한 사람이 죽어도 모르는 울릉도 호박엿 사시오~
　　（二人食べてて一人が死んでも気づかないほど美味いウルルン島のかぼちゃ飴、買っておくれ~）

　「一人が死んでも気づかない」とはずいぶん物騒なたとえですが、出された料理がいかに美味しいかとほめたいときに、さらりと言ってみた

ら感心されるかもしれません。

⑨ 감칠맛 나다
▶うま味、味わいがある

　味覚の基本は甘味、酸味、塩味、苦味の四つだと言われます。これに加えてそのどれにも属さない第5の味覚、「うま味」があると言いますが、これがまさに**감칠맛**です。韓国料理と言えば辛味ではないかと思いがちですが、実は「辛い」という味覚は純粋な味ではなくて、「味覚神経を強く刺激することで感じる、機械的な刺激現象」なんだそうです。運悪く当たってしまった**풋고추**（青唐辛子）などはまさに「強い刺激で引き起こされる機械的な」ケイレンのようなものですから…。

　料理にうま味を加えてくれるものは、昆布、シイタケ、煮干しや肉、牛骨など。特に韓国料理に多いスープ料理で活躍しています。この表現は感覚に訴えてくる様々な行為に対しても使われて、**감칠맛 나는 대사**（味のあるセリフ）、**감칠맛 나는 목소리의 가수**（味のある声の歌手）のように表わされますが、日本語に訳すのが大変難しい言葉でもあります。

　これと似た言葉に**구수하다**があります。**구수한 된장찌개**のように使われて「風味がある」などと訳されていますが、**할머니가 들려주는 구수한 옛이야기**と言うときは、「おばあちゃんが聞かせてくれる味わい深い昔話」とでも言えば良いのでしょうか。

　ところで、韓国語の中の味や色彩を表わす言葉は、種類があまりに多すぎて外国人には識別困難。ほどほどにして、深く関わらないほうが身のためかもしれません。韓国の代表的な料理の一つである비빔밥を思い浮かべても、混ぜ合わせることによって、それぞれの食材が持つ味を、いっそう複雑で豊かなものに生まれ変わらせていると言えるし、焼肉や刺身をニンニク、コチュジャン、味噌などと一緒に葉に包んで食べるの

も、新しい味を創造する果敢な試みとも思われます。もしかすると、こうした食べ方の多様化につれ、味覚を表わす言葉も、次々と進化をとげて、複雑になっていったのではないでしょうか。

❿ 배부른 소리 하다
ペ ブ ルン ソリ ハダ

お腹がふくれる話をする
▶ぜいたくなことを言う

「衣食足りて礼節を知る」という言葉がありますが、実際はどうでしょうか。生活条件が充分に満たされたとき初めて、他の人に目を配る余裕ができるという昔の教訓とは違って、自分の生活に満足してしまうと、なかなか他人の痛みや苦しみは見えにくくなるものではないでしょうか。**자기 배부르면 남의 배고픈 줄 모른다**（自分のお腹が満たされると、人の空腹がわからない）という言葉もありますから。**배부른 소리 하다**とはまさにそういうことを言います。

  가：주말에 이틀 쉬고 일하려니 월요일에는 나른해서 죽겠어. 이런걸 월요병이라고 하나？（週末に二日休んで仕事しようとすると、月曜はだるくてたまらん。こういうのを月曜病っていうのかな）

  나：**배부른 소리 하지 마!** 난 휴일도 없이 일한다고.（ぜいたくなこと言うな！俺は休みもなしで働いているんだから）

週休二日制は韓国にも定着したようですが、ある程度安定した会社の正社員と、パート、アルバイトなどの非正規職員では、待遇に差が広がっていることが、このごろ大きな問題になっています。休日が不規則だったり、夜勤が続いたりする不安定な状態をがまんしていても、景気の変動によっては、いつまで会社にいられるかわからないという立場からすれば、月曜病などというのは、배부른 소리にしか聞こえないわけです。**배부른 놈이 잠도 많이 잔다**（腹のふくれた奴ほどよく眠る）と、

文句の一つも言いたくなります。

　ところで、江原道の原州には **배부른산** という山があるそうですが「お腹いっぱいの山？」かと思いきや、同じ「お腹がふくらむ」でも、こちらは「妊娠した」という意味の方。もっとも山の形って、みんなふくらんだお腹に見えますけど…。逆に臨月ともなればそれこそお腹が山のように見えるので、**배가　남산만　하다**（お腹が南山のようだ）なんて言います。南山はソウルのランドマーク、Nソウルタワーのあるところです。

コラム　八道味めぐり

　朝鮮半島を八つの地域に分けるようになったのは朝鮮時代のこと。その後、各地域に独特の自然と暮らしを背景にした食文化が育まれ、今日に至るまで郷土の味覚として受け継がれてきました。ここでは、数多くの郷土料理の中から各道一つずつを選んで紹介します。

　함경도〈咸鏡道〉　白頭山に代表される険しい山岳地帯を持ちながら、豊かな漁場を控え海産物を利用した料理が有名です。その中で**동태순대**は、冷凍したスケトウダラである동태を塩漬けした後、内臓を抜いてきれいに洗い、豆腐、ゆでたモヤシ、白菜などを混ぜたものにネギ、ニンニク、味噌、胡椒で味を調えたアンを作って、口から腹まで詰めたものです。

　평안도〈平安道〉　山地、西海岸、広い平野を持つ地形から、海の幸、山の幸、農産物に恵まれてきました。平壌冷麺が有名ですが、同じ麺料理に**어복쟁반**があります。大きく広いお盆のような鍋に、蕎麦と牛肉の細切り、ゆで卵、キノコ、野菜類を並べて肉汁で煮込んだもの。大勢が周りを囲んでつつく料理です。

황해도〈黄海道〉 広大な穀倉地帯が広がる地域で、素材の良さを引き出す素朴な味わいの料理がたくさんあります。**행적**と呼ばれる串焼は、白菜、김치、豚肉、ゼンマイ、細ネギを大きな串に刺して、小麦粉を卵に溶いた衣をつけチヂミのように焼いたものです。

강원도〈江原道〉 今は北朝鮮と韓国にまたがっている江原道には、金剛山と雪岳山がそびえ、青々とした東海が広がっています。春川の막국수、닭갈비はよく知られていますが、江原道はジャガイモの産地としても有名で、**감자옹심이**（옹심이は白玉の意味）という料理があります。煮干し、昆布ダシのスープにジャガイモをすりおろしてこしらえた団子を、ズッキーニ、シイタケ、ナズナなどを加えて煮たてたさっぱりスープです。

경기도〈京畿道〉 首都ソウル（朝鮮時代は漢陽）を中心とした京畿道には、洗練された上流階級好みの料理もたくさんありますが、ここでは**보쌈김치**を推薦したいと思います。白菜の葉と葉の間に詰める薬味が豊富で、細やかでありながら深い味わいを実現した김치の王様とも言われる逸品です。リンゴ、梨、栗、ナツメなどの果物、松の実、セリ、大根、ニンジンなどの野菜、アワビ、カキなどの貝類をぎっしり詰め込む개성（開城＝高麗の首都、高麗人参の産地）地方の郷土料理でもあります。

충청도〈忠清道〉 穏やかで純朴な気質の人が多いと言われる地域にふさわしく、見かけに奇をてらわない、素朴な料理が多いようです。**호박범벅**は、カボチャ、小豆、サツマイモ、トウモロコシなどを混ぜて煮詰めて、甘いお粥として炊き上げたもので、色、香りが舌にも心にも優しい絶品料理。

경상도〈慶尚道〉 東と南が海に面した地形から、新鮮な海産物を味わえることはもちろんですが、荒削りで飾らない人々の気質を映したような料理に**돼지국밥**があります。豚の足の骨を長時間煮込んだ白いスープに、豚肉、ネギ、ニンニク、胡椒で味を調えてから、ご飯を入れて食べますが、牛肉をベースにした설렁탕とは、一味違った野趣を感じられるのではないでしょうか。

전라도〈全羅道〉 リアス式海岸に囲まれ、朝鮮半島随一の穀倉地帯である湖南平野を持つ全羅道は、昔から味覚の故郷と言われてきました。誰もが知っている全州ピビンパだけでなく、普段の食卓にもなじみ深い様々な塩辛類は海の幸。ここならではの料理として**홍탁삼합**〈洪濁三合〉はご存じでしょうか。홍어（エイ）、豚肉、김치の3種類を皿に並べて味のハーモニーを楽しむものですが、「濁」とは濁酒つまりマッコリのことで、この料理には欠かせない飲み物だからと、料理の名前にまで割りこんでいるそうです。

表現　「食べる」の比喩

　韓国語の慣用語の中には、「〜を食べる（飲む）」という表現によって、人生の節目を意味するような大事なことを比喩的に表わすこともよくあります。

　국수를 먹다と言えば、「結婚式を挙げる」という意味ですが、歴史をさかのぼると高麗時代(918〜1392)の記録に국수（麺）が初めて登場するそうです。当時は高級な食べ物として、寺で供されたり、祭祀などの時に限って口にすることができるものでした。朝鮮時代には大衆化されますが、それでも庶民にとっては結婚式などの祝い事の特別メニューだったようです。麺は長いものですから、長寿や夫婦の縁が長く続くことを祈る意味がこめられていたというのは、日本の年越し蕎麦などと共通するものがあるのでしょう。

　떡국을 먹다は「歳を一つとること」を意味します。正月の朝、家族そろって떡국（雑煮）を食べることに由来する言葉です。過ぎた年を思えば大変なこともあったはずですが、新年の朝を迎えるときは嫌なことはきれいに忘れ、心新たに一から始める決意を固めます。白い色の餅は真実や清潔さ、始まりを象徴する食べ物ですから、元旦の食卓にはなくてはならないもの。食べなければ歳を取らずに済むかと言えば쯧쯧（舌打ちする音！）、雑煮を食べなくても**나이를 먹다**ということで、めでたく年輪を重ねることになるのです！

　짬밥을 먹다とは「軍隊生活を送ること」。짬밥の由来は、かつての軍隊で新兵は古参兵の残した잔반（残飯）しか食べられなかったからだとか、짠（塩辛い）밥（飯）から来た言葉だとかいくつか説があるようです。今はインターネットで軍隊の食事メニューを見られますが、参鶏湯、豚カルビ、トンカツ、酢豚等々、もはや짬밥なんて言葉が死語になりつつあるほど、質量ともに良くなっていることは確かです。

　콩밥을 먹다は、体に良い「豆ご飯」ではありません。1980年代中ごろまで、韓国の刑務所では、受刑者の主食は豆の入ったご飯だったと言います。資料によれば、朝鮮戦争後、1985年までは米30％、麦50％、豆20％と定められていました。86年から豆はなくなって米と

麦の混ぜご飯となり、今は90％以上が米と言われますが、言葉だけはそのまま残って犯罪を犯して刑務所暮らしをすることを指して言います。日本では「臭い飯」ですが、本当に臭いのかどうかは未経験でわかりません！刑務所と言えば、ドラマなどを見ていると、出所した人が必ずといっていいほど豆腐を食べる場面が出てきますね。それも素手でつかんでむしゃむしゃと。何だか儀式のように見えますが、今まで粗食で過ごしてきたので高タンパクの豆腐で栄養補充をさせる、白い豆腐のように清く正しい心でこれからの人生を再出発させる、そして二度と콩밥（豆腐も大豆から作られますから）を食べなくて済むようにという願いがこめられているとか…。

キム書房を
探せ！
家族・親戚編

500年も続いた朝鮮時代は、社会に儒教的な考え方が根づいて、男女の別や長幼の序などのモラルが、庶民の生活にまで大きな影響を与えたと言われます。たとえば、**남녀칠세 부동석**〈男女七歳不同席〉という儒教の考えからか、韓国では今も中学校の40％、高校の50％が男女別学だそうです。また、ドラマを見れば、家族が食事をするときには、**어른이 수저를 들어야 아랫사람이 수저를 든다**（年長者がさじを手にしなければ他の家族は食事を始めてはいけない）という食事マナーも生活の中に生きていることがわかりますね。次々に変化する現代社会の中でも変わらない家族に対する強い思い、人間関係を家族に例えるような言葉の表現などには、歴史的に培われた、独特の人間観をうかがうこともできるのではないでしょうか。日本でも似たような時代があったとはいえ、朝鮮ほどには深く浸透しなかったように見えます。ここではそんな家族や親戚関係に関わる表現を見ていくことにします。

⑪ 시집 가다 / 장가 가다

嫁に行く / 婿になる（男性が結婚する）

　시집は夫の家、장가は妻の家を指します。伝統的な結婚式では、まず新郎が馬に乗って新婦の家に行き、きれいに着飾った新婦は自分の部屋で到着を待ちます。新郎は到着後新婦の両親に 큰절（正式な挨拶）をした後、結婚式を行います。新婚初夜も新婦の家で過ごし、翌日新郎は再び馬に乗り、新婦は 꽃가마（花輿）に乗って新郎の家に向かうという順序になります。そこから **시집 가다** は女性が結婚すること、**장가 가다** は男性が結婚することを意味する表現となりました。また、式の際に華燭という彩色ろうそくを点灯する儀式があることから、結婚式を挙げることを **화촉을 밝히다**（華燭を灯す）とも言いますね。結婚した後、女性が夫の家で暮らすのが当たり前だった時代、嫁と姑、あるいは婚家の家族たちとの同居は新婦にとっては辛いことが多かったと言います。**시집살이**（嫁暮らし）と言いますが、初めの3年は嫌なことを聞いても聞かないふり、次の3年は言いたいことがあってもがまんして、あと3年は見ても見ないふりをして暮らすので、**시집살이 9년** という表現もありました。また、昔歌われたと伝承される、「**시집살이의 歌**」には **고추 당추 맵다해도 시집살이 더 맵더라**（唐辛子が辛いといっても、嫁暮らしはもっと辛い）という一節があるそうです。

　日本語でも「からい」と「つらい」が同じ漢字を使うのは、もしかしたら韓国語と同じイメージがあるのかもしれません。**날씨가 맵다**（☞ひどく寒い）、**성미가 맵다**（☞性格が険しい）などの表現にも通じるものがあります。장가 가だと関連したことわざに、**옆집 처녀 믿다가 장가 못간다**（隣の娘を信じたあげく結婚できない）というのがありますが、相手の意思にはおかまいなしに自分勝手に行動して、結局ことが失敗に終わるという場合に使われます。でも、思いこみが強いのはいつも男のほうとは限りませんから、처녀（未婚の女性）を 총각（未婚の男性）に、장가を 시집に変えても同じこと！今は、夫婦が親たち

と別居するのが普通になっていますが、夫婦と親子の感情の摩擦や、逆に涙ぐましいほどの濃い情愛がドラマなどの大きなテーマになっているのは、結婚を通じて結ばれる人間関係が、今も昔もそんなに変わっていないことを物語っているのかもしれません。

⑫ 사돈의 팔촌
<ruby>サドネ パルチョン</ruby>

相親の8親等
▶ほとんど縁もないくらい遠い関係

　結婚をすると妻、夫それぞれの親同士は **사돈**〈査頓〉と呼ばれる関係になりますが、もともとは他人でした。そのさらに **팔촌**（8親等）ともなると、どれほど遠い関係でしょう。そこから身内ではない人間関係が、あまり親しくない、関係が薄いというときに使ったりします。もっとも、팔촌は韓国の人にとっては必ずしも縁遠いと言えないのは、民法の規定で8親等までは結婚できないとなっているからです。（第809条　近親婚等の禁止 2005年改正）それまで姓が同じで祖先の出身地（本貫という）が同じだと結婚できなかったものが、8親等より離れていれば認められるという内容ですが、日本で3親等までの結婚を禁じているのと比べれば、ずいぶん厳しい規定です。

　親等の数え方は日本と同じようですが、**사촌이 땅을 사면 배가 아프다**（いとこが土地を買えば腹が痛い ☞身近な人が自分より良い思いをするとねたましくなる）とか、**이웃 사촌**（隣のいとこ ☞遠くの親戚より近くの他人）のようなことわざにも登場します。一方、사돈同士のつきあいというものはなかなか気を使い合って難しいものがありそうです。**사돈집과 뒷간은 멀수록 좋다**（相親家と厠は遠いほど良い）と言われるほど、互いになるべく近づかないようにするのが賢明だと言うくらいですから…。

　ずいぶん前に公開されたアメリカ映画のタイトルに「위험한 사돈（危

険な査頓)」というのがありました。原題が「義理の両親」(日本公開名『セイブ・ザ・ワールド』)ですし、コピー機のセールスマンだと思っていた娘の婚約者の父親(マイケル・ダグラス)が、実はCIAだったことから繰り広げられるアクション・コメディですから、韓国のタイトルのほうがわかりやすいかもしれません。

⑬ 효도관광 (ヒョドクァングァン)
親孝行観光

　효도〈孝道 ☞ 親孝行〉は家族間で大切にされるものの一つです。核家族化が進んで、普段はなかなか親に孝行する機会がない子どもたちも、名節や**어버이 날**(親の日)、還暦などには、親への感謝をこめてプレゼントをする習慣は今も健在です。いつでも連絡が取れるように携帯電話を送ろうという人には**효도폰**(親孝行フォン)、老親に若さを贈りたいと、シミ取り、たるみ伸ばしなどのプチ整形をしてもらう**효도성형**(親孝行整形)まであるというのは、いかにも韓国らしい！　特に最近は品物やごちそうなどを上げるのではなく、日常生活を離れて至福の時を過ごしてもらおうという**효도관광**が人気です。気候の良い東南アジアや日本の温泉めぐりなど、海外旅行も盛んになって親孝行の仕方も多種多彩になりました。

　ところで孝行と言えばまず思い浮かぶのは、**효녀심청**〈孝女沈清〉『沈清伝』の話ではないでしょうか。早くに母を亡くし、視力を失った父の面倒を見ながら、明るく健気に暮らす沈清。やがて彼女が、父の目を開くための供養米三百石と引き換えに、自分の身を荒れ狂う海に投げ出すという命がけの孝行物語は、今でも幼稚園で語られる昔話からオペラの舞台にまでなって、韓国の人たちの心に感動を呼び起こし続けているそうです。病に倒れた親を、自分を犠牲にしてでも最後まで看病し続けるというのが昔の親孝行の典型ですが、現代社会では老人介護の問題

として、美談では片づけられなくなっています。韓国にも**긴 병에 효자가 없다**（長患いに孝行者なし）ということわざがあるほど、実は昔から変わらない厳しい現実でもあるようです。それでも、毎年秋に行われる「沈清孝行大賞」（嘉川文化財団主催）の授賞式では、病気の両親に代わって弟や妹の面倒を見たり、母のいない家庭で食事の支度や、祖父母の世話をして母親の役割を果たす女学生たちが、現代版沈清として称えられていると言いますから、親孝行の伝統は今もしっかり生き続けているようです。

⑭ 부잣집 외동딸
〔プジャッチプ ウェドンタル〕

金持ちの一人娘

「富豪の一人娘」という設定は昔話ではおなじみの存在です。たいてい体が弱かったり、気持ちが優しくて貧富の分け隔てなく理解する心を持つ、人間的には好感の持てるキャラクターとして描かれて、貧しいけれどバイタリティあふれる主人公の男性と結ばれてめでたし、めでたし…ところが現代ではどうも、傲慢でわがまま、自己中心的な考えで周囲を混乱に巻き込む迷惑な存在として描かれることが多いようです。どちらにしてもマンガやドラマの登場人物として描かれると、一つの典型的な人間像として型にはまってしまうので、いささか食傷するような人物でもあります。その背景には金銭的に富裕なことが望ましいという価値観、今は恵まれていなくても富裕になる機会は思いがけずやってくるという希望、金や権力がある人間はどこかで不正があったり、人間的に問題があるという先入観などが見え隠れします。

　昔見たアメリカのテレビドラマで『じゃじゃ馬億万長者』というのがありましたが、田舎で暮らしていた純朴な農家の人たちが、偶然石油を掘り当てて金持ちになり、ビバリーヒルズに暮らすことになって、その地の正統な（？）金持ち連中と騒ぎを起こすというコメディでした。成

金を**벼락부자**と言いますが、1960年代のアメリカから現代の韓国に至るまで、部者というものに対するやっかみ半分、あこがれ半分な複雑な思いはまだまだ生き残っているのかもしれません。一人息子なら**외(동)아들**となりますが、これもドラマなどでは貧しい娘と出会って周囲をはらはらさせたり、**삼대 독자**（三代にわたる一人っ子）などという、特殊な設定がされることが多いような気がします。

⑮ 오냐오냐 하다
よしよしと言うことを聞く
▶甘やかす

やはりドラマの中で人の良さそうな老人が孫に向かって、**오〜냐！**と言いながら相好を崩すという場面もよく見かけるのではないでしょうか。年長者から目下の者に対して、相手の言うことに同意する、納得するときに使われる言葉です。そこから無理なことを頼まれても、何でも言うことを聞いてしまう、甘やかすというニュアンスで막내라서 **오냐오냐 했더니** 버릇없이 컸다（末っ子なので甘やかしたら礼儀もわきまえない子に育った）というように使われるようになりました。四字熟語に**애지중지**〈愛之重之〉という言葉がありますが、これは非常に大切にするという意味で、必ずしも甘やかすという意味ではありません。

「甘え」という言葉が日本語独特のもので、甘えるという行動も非常に日本的と説明した土居健郎さんの文化論（『甘えの構造』）を、比較文化研究者の李御寧さんが韓国にも似たような言葉があると批判したことがあったそうです（『縮み志向の日本人』）。もう30年も前のことですが…。「甘える」は응석을 부리다で、「甘やかす」は응석을 받다ですし、**어리광 부리다**（甘ったれる）、**투정 부리다**（だだをこねる）のように、他にもよく似た表現がいろいろあるという点も、李先生が批判した理由だったようです。同じ単語の繰り返しでよく聞く表現に**보**

자보자하다というのがあります。こちらは「気に入らないが、がまんにがまんを重ねる」という言い方で、どちらかというと若者の行動や発言に対して、年長者がかっとなって一喝するような場面に登場します。

　　　보자보자했더니 못하는 소리가 없어！
　　　（黙って聞いてれば言いたいことを言ってるな！）

⑯ 형、오빠、누나、언니、이모、아저씨…
親族関係になぞらえる呼び方のいろいろ

次のような場合、左側の人は右側の相手をどう呼ぶでしょうか。
① 大学1年の男性　　　　→ 大学3年の女性先輩　　（　　　　）
② 大学2年の女性　　　　→ 大学4年の男性先輩　　（　　　　）
③ 23歳の女性社員　　　→ 24歳の同僚女性社員　（　　　　）
④ 45歳の女性社員　　　→ 50歳の同僚女性社員　（　　　　）
⑤ 入社3年目の男性社員　→ 入社5年目の男性社員（　　　　）
⑥ 男性客　　　　　　　→ 女性店員　　　　　　（　　　　）
⑦ 女性客　　　　　　　→ 男性運転手　　　　　（　　　　）
⑧ 弟　　　　　　　　　→ 兄の妻　　　　　　　（　　　　）
⑨ 5歳の子ども　　　　 → 母親の女性の友人　　（　　　　）
⑩ 20歳の女性　　　　　→ 父親の男性の友人　　（　　　　）

　『不器用なふたりの恋』（2010年）という韓国映画で、主人公の男性（50才）が、借金を残して死んだ友人の娘に恋愛感情を持つようになるという設定が描かれます。それこそ親子ほど年の違いがあるので、娘のほうは当然 아저씨 と呼んでいましたが、やがてお互いの気持ちが接近するにつれて、男性は娘に 오빠 と呼んでくれと言いだします。これは観客の笑いを誘う場面ですが、오빠 という言葉の持つニュアンスが恋愛感情を含むことがあること、普通は歳の近い男性に対して使うという

ことがわかります。これも日本語に翻訳するのが難しいものですが、本来親戚や兄弟を呼ぶ表現が、現実には様々な人間関係の中で使われるのは、根本に親しい他者との関係を、家族関係になぞらえようとする気持ちがあるのでしょう。

　正解は、① **선배、선배님、누나**といろいろあります。누나と呼ぶのは親しみをこめるという理由のようですが、女性からすると、年下の男子学生が弟が姉に向かって言うように、気安い言い方をするのはあまり気分が良くないという調査結果があるそうです。② 反対に男子学生が後輩の女子学生から**오빠**と呼ばれるのは気分がいいようで（異性として好かれているという錯覚がある？）、선배님にはやや距離感を感じるとか。ところで80年代くらいまでは、女子学生が先輩の男子学生を決して**오빠**とは呼ばずに、형と呼んでいたという興味深い証言もあります。③ **언니**ですね。ドラマなどではしょっちゅう耳にすると思いますが、わずかな差でも年上だったら언니だそうです。④ これは中年以上の女性でも同じこと。中には**형님**と呼ぶ人もいるそうですが、嫁ぎ先で夫の姉をそう呼ぶのと同じです。⑤ 二人に地位の違いがあって、古参の人に課長などの肩書があればそれを呼ぶのが普通ですが、もし同僚ということなら**선배님**だそうです。職場では（男性の場合）あまり형という言い方はしないそうですが、某ドラマでは（刑事の役でしたが）後輩が先輩に형と呼んでいるのを確かに聞きましたが、関係がそれほど親密だということでしょうか。⑥ **아줌마、아가씨**というのもよく聞きますが、親しみをこめて言うときは（なじみの客とか）**이모**ということもあります。⑦ これはもう、**아저씨**です。丁寧に言うなら**기사님**でしょうか。⑧ 日本なら「義姉（ねえ）さん」というところですが、親族の場合ははっきり呼び方が決まっていて、**형수님**と言わなくてはなりません。⑨ 子どもにとっては「おばちゃん」という感じの人はみんな**이모！**ですね。男なら**삼춘(삼촌)**。⑩ これが先ほどの映画『不器用なふたりの恋』のケースです。普通なら**아저씨**。もし母親の女友だちなら5才の子どもと同じく**이모**です。

⑰ 형만 한 아우 없다
諺 兄（姉）にまさる弟（妹）はいない

　아우という言葉は弟、妹の意味ですが、現代では一般的にはあまり使われなくなった、やや古い趣の言葉のようです。長幼の序が大切な規範と考えられ、家父長制の厳格だった時代には、当然長兄が親の期待と愛情を一身に受けていたことでしょう。いくら弟が優れていても、分家をして独立でもしない限りは陽の当たる場所には出られませんでした。「兄に勝る弟はいない」という言葉は、同時にまた上に立つ者は皆の模範にならなければならず、下の者はそれによく従うべきことを諭したものだという解釈もできます。日本でも「一日の長」と言って、経験を積んだ人はどんな分野であれ、新しく始める者より優れているものだと言いますが、現実には必ずしも規範通りにいかないこともあります。有名なフンブとノルブの話では、傲慢で、利己主義で、欲の深い兄が親の財産を一人占めにして、善良で、心優しい弟を家から追い出してしまいます。苦労の末に偶然助けた「燕の恩返し」によって貧しさから抜け出した弟をねたんだ兄は、弟の行動を真似したつもりが、非道を犯して逆に懲罰を受ける羽目になり、全財産を失ってしまうことに。それでも弟は兄を赦して、二人仲良く暮らすことになるという因果応報、勧善懲悪のお話ですが、ここでは兄が弟に助けられます。
　一方、映画『ブラザーフッド』（2004年）では、朝鮮戦争を背景に弟のために命をかける兄とその弟の壮絶な兄弟愛が描かれ、兄弟をテーマにした映画作品の先駆けとなって、一千万人観客を動員する大ヒット作となりました。他にも兄弟を軸に展開される作品は数多くあって、重要なテーマであることがうかがえます。**형 아우 하면서 지내다**（兄貴、弟と言いながらつきあう）と言えば、他人同士が兄弟のように深い情愛で絆を結ぶことで、日本で「アニキ」と呼んで慕う関係以上に強く、身内のように思いやる気持ちがにじみ出ているようです。

⑱ 영감쟁이와 할망구
ヨン ガム ジェン イ　　　ハル マン グ

「爺さん」と「婆さん」

　영감쟁이と**할망구**はそれぞれ老人を少し蔑みながらも、愛嬌の感じられる呼び方として、日本語の爺、婆のような語感を持っています。もともと 영감〈令監〉は朝鮮時代に正三品、従二品の官職を指すものでしたが、いつの間にか年寄りの男性を呼ぶときに使われるようになりました。夫を呼ぶとき、新婚初期には 자기야～ などと甘ったれた声を出していたのが、やがて 당신 となり、子どもが生まれれば子ども（長子）の名前に 아빠 をつけて（子どもの名前が 철수 なら）철수아빠、中年夫婦になると 여보 と言うのが板につき、老年になるまで連れ添った夫は 영감 と呼ばれるようになるというように、夫婦が年輪を重ねるに従って変化する呼称のおもしろさがわかります。一方 할머니 が 할아버지 より長生きするのは今も昔も同様だったようで、81歳になることを、90歳を望むという意味から 망구〈望九〉と言いますが、もっぱらおばあさんがそれに該当したので、할망구 が老婆を指すようになったと言われています。

　　（婆）：이런 **영감쟁이**와 언제까지 붙어 살아야 하나～
　　　　　（こんな爺さんといつまでくっついて暮らさなくちゃならないんだろ～）
　　（爺）：아이고 허리 꾸부러진 **할망구**야 나 말고 누가 돌봐 주겠나？
　　　　　（まったく腰の曲がった婆ぁめ、わしの他に誰が面倒見てくれると思ってんだか）

　などと憎まれ口をきき合うのは掛け合い漫才のようで、ほのぼのした味わいがあります。昔話の中に **혹부리 영감** というのがありますが、日本の「こぶ取り爺さん」とよく似た話です。お爺さんが、鬼の前で踊りを踊るのではなくて、歌を歌うというのが違う点でしょうか。また、ヘンゼルとグレーテルに登場する魔女は **마귀 할망구** とも呼ばれています。

コラム　済州島の伝説

　済州島のマスコット・キャラクターとしておなじみの**돌하르방**（하르방は済州方言で할아버지のこと）。大きな目と、顔の真ん中に座った鼻。体に比べて大きな顔に、ちょっと出たお腹を両手で抱えているようなユーモラスな姿は、イースター島のモアイ像や道祖神を思わせる風貌です。いつ頃作られたものか定かでないようですが、島内にはその昔玄武岩で作られた像が45体ほど残っているそうです。本土にある장승と呼ばれる村の守護神と似ていることから、厄除、招福の役割があるとも言われています。

　ところで、この하르방にはお相手がいまして、**설문대할망**（할망は済州方言で할머니のこと）という、とてつもなく体の大きなおばあさんでした。何しろ한라산〈漢拏山〉を枕にして横になると、足の先は今の済州市の沖合にまで達したそうですから。実は天の神様の娘だった彼女が済州島を作ったという言い伝えもありますが、二人は結ばれてやがて500人の息子を産んだと言われます。ある日息子たちが皆海の方に遊びに行っている間に、おばあさんが大鍋にいっぱい、息子たちに食べさせる粥を作っていましたが、誤って鍋に落ちてそのまま死んでしまいました。戻った息子たちはそうとも知らずにその粥を食べたところ、500番目の息子が最後に残った粥の中に骨を見つけて母の死を知ることになったという、何とも残酷な言い伝えです。一説に돌하르방も설문대할망も、大昔に火山が爆発したときに犠牲になった老人たちが、ベスビオス火山の噴火で死んだポンペイ市民のように、人の形をした石になったり、逃げ遅れて溶岩に包まれ（息子たち＝若者たちは素早く海に逃げましたが）、骨と化した姿を伝説化したものではないかとも言われています。

⑲ 서울에서 김서방 찾기

諺 ソウルでキム書房探し

　서방〈書房〉という言葉は文字通り部屋で書物を読む人という意味ですが、朝鮮時代に漢籍に親しみ、豊かな学識を持ってはいるが、官職には就いていない人を指したそうです。今は妻の実家の父母が娘の夫を言うときに、姓をつけて김서방！ と呼んだり、妹の夫や、夫の弟で既婚の場合にも 서방、서방님 というように親族呼称として残っています。「ソウルで金書房を探す」とは、あまりにありふれた姓である、金さんを、それも下の名前もわからずに大都会で探し当てるというのは、월리를 찾아라！ よりもはるかに難しいミッションで、ほとんど見つかりそうもない探し物という意味で使われます。さらに言えば、あまり情報も手にしていない状況で、しゃにむに行動することの無謀さを非難するような意味合いも含んでいます。

　韓国で最も多い姓が 김 で、以下 이〈李〉、박〈朴〉、최〈崔〉、정〈鄭〉と続きますが、この五大姓だけで全体の人口の 50％を占めるほどどこにでもあるような姓です。一方日本人の姓で最も多いと言われる「佐藤さん」は東京では２位で、第１位は「鈴木さん」だそうです。それでも、高橋、田中、渡辺と続く五大姓を集めても全体の６％にしかなりませんから、新宿で「鈴木さん探し」をするのと果たしてどちらが難しいんでしょうか？

　それはさておき、ソウルで金書房を探すという表現の裏には、地方の生活に希望を失った夫がひと旗揚げようと、着の身着のまま大都会に勇躍旅立ったものの、音信不通となって残された妻や家族が行方を尋ねてソウルの街をさまようという、少なくとも 1980 年代くらいまでは現実にあったような悲話を連想するのは筆者だけでしょうか…。同じような意味のことわざに **모래 사장에서 바늘 찾기**（砂浜で針探し）というのもあります。金属探知機を使えば簡単に探せるですって？ 何とロマンのない…

⓴ 기러기 아빠
キロギ アッパ

渡り鳥父さん

　1990年代終わり頃から、小・中学生の子どもを外国に留学させる家庭が急速に増えていったそうですが、母親は子どもと一緒に海外へ、父親は経済的に支えていくために国内に残って一人暮らし。1年に1、2回家族に会いに外国に行くという姿が、渡り鳥である기러기（雁）に似ていることから**기러기 아빠**という新語が生まれたといわれます。韓国の教育熱は有名ですが、子どもを国際舞台で活躍させたいという親心が海外に目を向けさせたということでしょうが、家族の長い離別や、成長期に自国の文化や人間関係と断絶してしまうことで、様々な問題も指摘されているようです。

　この表現に関連して生まれた言葉に**독수리 아빠**（いつでも家族に会いに行ける余裕のある父親。鳥の王者であるワシになぞらえた）や、反対の境遇である**펭귄 아빠**（会いに行きたくても経済的に無理な父親。飛べない鳥であるペンギンになぞらえた）、外国ではなく、プサンに単身赴任となってソウルにいる家族と会えなくなった**갈매기**（カモメ）**아빠**などがあります。

　妻を亡くして一人になってしまった男性を홀아비といい、夫を亡くした女性は홀어미と言いますが、なぜか홀아비の方が長生きできないのは韓国も同じ！　昔から**홀아비 집 앞은 길이 보얗고 홀어미 집 앞은 큰길 난다**（男やもめの家の前は人の気配もないが、寡婦の家の前は大きな道ができるほど人がやってくる）と言われるほど、男性の一人暮らしは寂しいものなんです。かつて高度成長の時代の日本でも、家族を顧みないで働き続けた父親像が社会問題のように取り上げられましたが、21世紀の家族の姿は果たしてどうなっていくのでしょうか…。

コラム 韓国の多文化家庭

　韓国人が国際舞台を目指して海外に進出する一方で、外国から韓国に来て定住する人も年々増加しているといわれます。1990年代末頃から、農村男性の結婚難を解消するために、東南アジアの女性との国際結婚が政策的に推進されて生まれた家庭、中国の朝鮮族の人たちを筆頭に、東南アジアなどから就労のために居住するようになった外国人労働者家庭、かつては脱北者と言われ、現在は **새터민**(新しい生活の場から人生を始める人)とも呼ばれる人たちが、韓国社会で新しい家庭を営むケースなどですが、これらを総称して **다문화가정**〈多文化家庭〉と呼んでいます。これらの家庭では子どもたちの教育問題、言語、習慣の違いから生まれる家庭内暴力などの葛藤、低賃金、長時間労働などの差別待遇など様々な問題を抱えていますが、多文化家族支援法に基づいて、全国に200余りの「多文化家族支援センター」が設置されて、韓国語教育や、生活相談などを行っているそうです。

　秋夕や正月のような伝統的な民俗行事があると、各地域で特別に多文化家族を招いて地域の人々と共に過ごせるような企画もニュースでよく報じられます。伝統文化がよく保存され受け継がれている韓国ですが、逆に異なる文化を持つ人々を受け入れ尊重することを通じて、家族関係や家庭のあり方に変化をもたらす可能性もあると思われます。海外旅行に行くことを **바깥 바람을 쐬다**(外の風に当たる)と言うこともありますが、**새 바람을 불어 넣다**(新しい風を吹きいれる)ことで、韓国の家庭像に **새 장이 열리다**(新しい段階が開かれる)ことになっていくかもしれません。

トラがタバコを
吸っていた頃

動物編

人間にとって身近な動物は何かというのは、気候風土や文化などによって、また歴史的経験などからも国によって違うのだと思われます。日本と、韓国・朝鮮は地理的にも近く、中国文化の影響などによって、考え方や感覚には共通点が多いと言われています。動物についても十二支に出てくる動物のキャラクターなどは似ていますし、農耕、狩猟、戦争と関係の深い牛、馬、犬などは生活の中でいつも身近な存在であったせいか、様々な表現となって表われています。一方子どもの頃に親しんだ昔話にもいろいろな動物が主人公として活躍していました。日本では犬やタヌキ、スズメやツルなどがおなじみの顔ぶれですが、韓国・朝鮮の伝来童話の中には、恐ろしいけれどちょっと間抜けなトラ、知恵者のウサギ、恩返しをするカササギなどが奇想天外な活躍をして、幼い心に豊かな夢を育む役割を果たしています。ここでは、想像力とユーモアに満ちあふれた動物の世界をテーマに、様々な表現を訪ねてみることにしましょう。

㉑ 쥐도 새도 모르게
ネズミにも鳥にも知られずに
▶誰にも知られず、こっそりと

　ことわざに **낮말은 새가 듣고 밤말은 쥐가 듣는다**（☞壁に耳あり障子に目あり）というのがあります。直訳すれば「昼の話は鳥が聞き、夜の話はネズミが聞く」ということで、鳥は自由自在に飛んで、どこでも秘密の話を聞くことができるし、夜陰に乗じて走り回るネズミは人目を避けて話し合っている密談を聞き逃さない——そこから人に聞かれたくない話はくれぐれもご用心！と。表題の言葉は、まさにこのことわざを踏まえているのではないかと思われます。それにしても、こう言われて思い浮かぶのは秘密警察に拉致されるとか、人身売買とか、何だか犯罪の臭いがつきまとうような気がしますが、小説の読み過ぎでしょうか。そう言えばかつては日本にも「神隠し」なんていうのがありました。現代社会では、コンピューターウィルスの侵入や、個人情報の流出なども **쥐도 새도 모르게** 行われているんですから、考えて見れば怖い世の中です。

　ところで昔は日本の住宅にもネズミが結構住んでいて、夜になると天井裏を駆け回ったものでしたが、そのうるさかったこと！そこで強力な殺鼠剤を撒くと、いつの間にかしーんと静かになります。天井裏を覗くと哀れにもネズミは横たわっているというわけですが、しんとして静かな様子を **쥐 죽은 듯이**（ネズミが死んだように）と言います。その後には 조용하다, 고요하다（静かだ）などの言葉が続いて、**한밤중의 거리는 쥐 죽은 듯이 고요했다**（真夜中の通りはしんとして静まっていた）のように使われます。さらにネズミの住む穴はたいてい真っ暗なところにありますが、そんなところにもいつかは陽の当たるときが来る、つまり今は辛く困難でも、がまんしていればいつかは報われるという意味で **쥐구멍에도 볕 들 날 있다**（ネズミの穴にも陽のさす日がある　☞待てば海路の日和あり）ということわざもあります。また、とて

も少なく、取るに足りないことを **쥐꼬리만하다**（ネズミの尻尾くらいだ）と言いますが、ネズミの尻尾は異様に長いような気もしますけど、ネズミの種類が違うのか…。同じような意味で **새발의 피**（鳥の足の血）とも言いますから、ここでもネズミと鳥のタッグは健在です。もっともここでいう 새 はスズメのことだそうですから、「スズメの涙」ですね。

❷❷ 황소 고집
黄牛のような強情
▶どうしようもない頑固

　2009年に韓国で公開された『牛の鈴音』というドキュメンタリー映画が、独立映画としては異例の興行的成功を収めたと話題になりました。主人公の老農夫と、農耕を助ける老いた牛の、数十年来の親友のような心の交流を描いた感動作でしたが、あの赤茶色の牛は韓国では 황소 と呼ばれ、田畑を耕し作物を運ぶ農耕牛として重宝されてきました。村祭りの時などに催される 씨름 大会の一等賞品は決まって **황소 한 마리**（牛1頭）でしたが、今でいえば車1台にあたるような貴重な財産でもありました。並はずれて力の強い牛がいったん機嫌を損ねれば、押しても引いても、餌を鼻先に持っていってもてこでも動かないという様子を見て、**황소 고집** という言葉が生まれたようです。飾り気がなく、まっすぐで人の顔色をうかがったりしない、一徹な人を例える表現ともなりますが、映画に登場した牛も40年間わき目もふらずに、畑仕事ひとすじでした。こちらは頑固一徹ということですから、信念があるとも言え必ずしも悪いイメージではありません。

　ところが 옹고집〈甕固執〉と言うと、これはもう人の意見に耳を傾けることがなく、自分勝手でケチな上に、意地が悪いという最悪のタイプになってしまいます。意地を張るのもいい加減にしろ！とあきれられ、**똥고집**（糞頑固）と罵られることにも…。牛の愚直さは **황소 뚝심**（☞

牛のような馬鹿力）、**황소 걸음**（☞速くはないが着実な行動）、**황소 바람**（☞強い隙間風）などの表現にも表わされていますが、身近なところでは、星座の「おうし座」を **황소자리** と言いますが、ただの「牛」ではなくて、昔から親しんできた黄牛と名付けたところに何とも言えない味わいがあります。

㉓ 호랑이 담배 피울 적
ホ ラン イ タン ベ ピ ウル チョッ

トラがタバコを吸っていた頃
▶大昔のこと

　子―丑―寅と十二支の順番じゃありませんが、今度はトラがタバコを吸うというお話です。たぶんいくら大昔と言っても、トラはタバコを吸わなかったとは思いますけど、大いに想像力を働かせるのが昔話の常。**옛날, 옛적에 호랑이가 담배 피우던 시절에…**（昔々、まだトラがタバコを吸っていた頃のこと）で始まる昔語りの決まり文句として登場する **호랑이** は獅子と並ぶ無敵の猛獣。時には力強く敵をねじ伏せ、敏捷に山野を駆け回る英雄的な存在である反面、ウサギやカメ、人間の計略に簡単にだまされてしまうお人好しなところもあって、どこか憎めない、人間にとっては身近で親しいキャラクターで、**도깨비**（鬼、お化け）とともに伝説や童話などには、なくてはならない動物です。たとえば、子どもなら誰でも知っている『**호랑이와 곶감**（トラと干し柿）』では、お腹を空かせて村にやって来たトラが、一軒の農家で子どもの泣き声を聞いて中を覗きこみます。母親が「泣いてばかりいるとトラが来るよ！」と言っても泣きやまないのに、「泣きやんだら干し柿をあげるよ！」と言うと子どもが泣くのをやめました。それを聞いたトラは、自分より恐ろしい「干し柿」というものがやって来ると思い、あわてて逃げていったという間抜けなお話ですが、何だか落語の「まんじゅうこわい」を思わせます。

一方、中国の龍、インドのゾウなどと並んで朝鮮を象徴する神聖な動物として、1988年のソウル・オリンピックでは堂々、マスコットを務めたことはご存じでしょうか。また妊産婦がトラの夢を見れば立派な男の子を産むと言われ、**호랑이 안 잡았다는 옛 늙은이 없다**（トラを捕まえたことのない昔の年寄りはいない）という話は、尾ヒレをつけて昔のことを自慢げに語る年寄りの姿をユーモラスに表わしています。調子に乗って武勇談を吹聴していると、**호랑이도 제 말하면 온다**（諺 トラも自分のことを言われるとやって来る ☞ 噂をすれば影）ということで後ろからこっそりやって来るかもしれません。**호랑이 장가 간다**といえば、天気が良いのに雨が降ること。日本では「狐の嫁入り」と言って、青空に雨とは、こりゃキツネに化かされたのかと思うわけですが（韓国語でも여우비＝キツネ雨という言葉があります）、「トラの婿入り」とはいったい何でしょう。장가 가다は男性が結婚することを表わしますが（p29参照）ここでは「交尾する」意味なんだそうです。何でもトラの交尾はとても早くて、2、30秒で済んでしまうとか！　天気雨はすぐにやんでしまうので、こう例えるようになったという説があります。호랑이はもともと虎（호）狼（랑）という漢字語ですが、固有語では범とも言います。意味は全く同じで、**범 잡은 상**（トラを捕まえた顔）は得意満面の顔、**범에게 날개**（トラに翼）は「鬼に金棒」です。

コラム 十二支の話

　中国から伝わったと言われる十二の動物の話は、仏教や道教と結びつきながら生活の中に根を下ろしていったようです。お釈迦様（または神様）が動物たちに正月の挨拶に来た順番に賞をあげると言ったところ、ネズミ、牛、トラ…の順に到着して今の十二支の順番になったと言いますが、牛は自分が遅いのを知っているから、大みそかの深夜に出発し、それを知ったネズミはこっそり牛の背に乗っていき、門が開いた瞬間牛の背から

飛び降りてゴールインするという有名な話です。でも考えて見れば一足先に出たり、自分の足で歩かないのはいずれもルール違反で失格では？ 正当な勝者はやはりトラにしたいところですね！

　動物たちの顔ぶれは国によって多少違って、ベトナムでは牛ではなく水牛、タイではウサギの代わりに猫、十二番目の動物は中国、韓国は豚ですが、日本はイノシシです。漢字の「猪」はもともと豚を表わす文字なのに、日本では長く豚を飼うことがなかったので、イノシシをあてたのだという説があります。またメンバーの中で唯一、想像上の動物である龍は天を衝くパワーの持ち主で、勇気と希望の象徴でもあり、昔から王権のシンボルとされてきました。歴史ドラマに登場する王様は、龍の文様が描かれた**용포**〈龍袍〉を着て、**용상**〈龍床〉に座りながら政務を行いましたし、王の体は**옥체**〈玉体〉ですが、顔は**용안**〈龍顔〉とも言いました。「トンビがタカを生む」にあたる**개천에서 용 난다**（諺 どぶから龍が生まれる）や、吉兆を表わす**용꿈을 꾸다**（龍の夢を見る）も龍の絶大な力を物語っています。

㉔ 지나가던 개가 웃는다
　　　チ ナ ガ ドン　　ケ ガ　　ウン ヌン ダ

諺 通り過ぎた犬が笑う
▶常識に合わない言動。ちゃんちゃらおかしい

　果たして犬が笑うかどうかはともかく、それほどに人間に親しく、近い動物として、はるかな昔から愛されてきた犬が、ことわざや俗語の中ではどうもあまり良い役回りではないようです。表題の話も「愚かな

犬にさえ笑われる」という意味でしょうし、**서당개 삼년이면 풍월을 읊는다**（諺 書堂に飼われている犬でさえ、3年もいれば風月を詠む）でも同様に下等なものという扱いです。ちなみに書堂は日本の寺子屋のような所で、**풍월**〈風月〉は自然を詠いあげた漢詩のことです。英語でも犬を男に例えると「ダメ男」、女を表現すると「魅力のない女」となるそうで、go to the dogs（犬になる）は「落ちぶれる」ということらしいですが、Oh, my dog! 可哀そうに…。

　もちろん一方では忠誠心に篤く、勇猛で賢い動物とも思われていて、主人の危機を救ったり、トラを追い払ってしまうような昔話はたくさんありました。全羅北道の任実郡には、山火事が起きたとき、自分の体を濡らして主人の体をかばって命を救い犠牲になったという、忠犬の功を称える「義犬碑」が建てられているそうです。ところが、あり得ない夢や不吉な夢を**개꿈**、むだな死なら**개죽음**、ひどい苦労は**개고생**、大変な恥をかいたら**개망신 당하다**、収拾のつかない、めちゃくちゃな状況を**개판**、などなど犬が聞いたら吠えられそうな言葉がたくさんあります。살구（アンズ）は甘くて美味しい実ですが、よく似ている植物に酸っぱく、苦味のある 개살구 というのがあって、**빛 좋은 개살구**と言えば「見かけだけで中身がない」という意味となります。**개똥**（犬のフン）がつく言葉に**개똥번역**というのがあってへたくそな翻訳です。こんな言葉を言われないようにしなくては…。

　ところで犬の子どもや、小犬のことを **강아지** と言いますが、こちらは可愛いものですから、おばあさんが孫を抱きながら、아이고, 우리 **강아지**! 할머니가 장난감 사 줄게…（アイゴ、可愛いうちの孫！おばあちゃんがオモチャ買ってあげるよ…）なんて言うこともあります。もっとも犬の子どもということで 개새끼 などと言ったら、これはもう大変な悪口になってしまいますから、ご注意を！

25 곰같은 여자 / 여우같은 여자
クマのような女 / キツネのような女

　호랑이 담배 피울 적에の後には**곰이 막걸리를 거르던 때**（クマがマッコリを濾していた頃）と続きます。トラとクマのコンビとは、いったいどういう関係なのでしょうか。話は朝鮮の建国神話にまでさかのぼります。日本の古事記に例えられる歴史書『三国遺事』によれば、天帝である 환인〈桓因〉が人間の世界を治めるために、息子 환웅〈桓雄〉を地上に遣わしました。彼は自然や農耕、生老病死をつかさどり地上世界を良く治めましたが、ある日トラとクマが訪ねて来て、自分たちを人間にしてくれと頼みました。환웅はヨモギ1束とニンニク20個を渡しながら、洞窟に入ってこれを食べ、百日間こもっていれば人間になれると言ったそうです。クマは指示を守って耐えましたが、トラはがまんできずに外に出ていってしまいました。考えてみればクマは冬眠するから、じっとこもることは得意だったのかもしれません。こうしてクマは人間の女性になり、환웅との間に子をもうけました。これが**단군**〈檀君〉と呼ばれる朝鮮最初の王で、紀元前2333年のこと。檀紀と言われる年号は、西暦に2333年を足したもので、今でも時々見かけることがあります。

　トラとクマの縁はここから始まったわけですが、クマは初めから女性だったようです。でも、**곰같은 여자**と言っても容貌とは関係ありません。ぐずで、愛嬌がなく、飾り気もない。本心をありのままに出すので男女の駆け引きなどには無関心だというようなイメージでしょうか。一説に家族思いだとも言われますが、子どもなら誰でも知っている童謡、『곰 세마리』から連想されたのかもしれません。곰 세마리가 한 집에 있어…（ある家に3匹のクマがいて…）と家族の団らんを楽しく歌った歌ですが、実際のクマは群れを作らずに暮らすそうです。それに対して**여우같은 여자**は愛想が良く、機転がきき、男心をつかんで離さない、勇者アントニーを虜にしたクレオパトラが代表的な例だとか。

でもそんなふうに言われたら、クマには目もくれずキツネちゃんにひざまずくに決まってます。**곰처럼 자다**と言えば、「冬眠するクマのように正体もなく眠ってばかりいる」と、憎たらしく聞こえますが、男性からの評価はともかく、子どもたちは大好きなクマのぬいぐるみを、곰돌이（♂）곰순이（♀）と呼んで可愛がっていますよ！

コラム 建国の日、開天節

　日本の建国神話にも「天孫がタカチホの峰に降臨する」という話がありますが、朝鮮の国作りは、白頭山の神壇樹に神の子**환웅**が降り立つところから始まるそうです。やがて人間世界を治めるインフラ整備を終えると、**웅녀**〈熊女〉との間に生まれた단군を最初の王と定めますが、その日、10月3日を**개천절**〈開天節＝建国記念日〉として1949年から祝日としています。同じ10月には**한글날**（ハングルの日）もありますが、こちらは一度休日を取り消されてしまったところ、民族固有の文字を称える日が休みでないとはけしからん！という多くの声に押されて、2013年からは祝日として復活するそうです。韓国の祝日で日本の祝日と違う点の一つは、特定の宗教の記念日が休日になっている場合です。陰暦の4月8日の釈迦誕生日と、キリストの誕生日12月25日は休みです。また、独立運動記念日である3月1日の**삼일절**〈三一節〉と植民地支配からの解放と国家独立を記念する8月15日の**광복절**〈光復節〉も共に日本にはない、国家的行事を行う祝日です。

㉖ 돼지 꿈
豚の夢

　昔から夢に豚が現れるとお金が入ってくると言われて、**돼지 꿈**を見たらすぐに宝くじを買いに行くのだそうです。韓国の貯金箱がたいてい豚の形なのは、金運を呼びこむご利益にあやかろうということでしょうか。一口に豚の夢といっても、実はいろいろなケースがあるようです。韓国の人は夢解きが大好きで、**꿈해몽**（夢占い）の本もたくさんありますが、それによると、豚が追いかけてくる夢を見たら、合格、就職、昇進などが叶う。豚に服の裾を引っ張られる夢は縁結びを表わしていて、良縁が舞いこむ。子豚と闘って勝てば困っていたことが解決でき、大きな豚と闘って勝てば、事業が発展する。ただし、闘って負けたら財産を失うとか。豚の檻に閉じこめられたり、自分が豚になってしまう夢は、大金持ちになって、大邸宅に住むようになる兆しだそうです。

　ところで、十干十二支で表わされる年号（壬申とか、丙午など）で丁亥の年というと「赤い豚」ですが、2007年の丁亥の年は、さらに陰陽五行説によって、六百年に一度訪れるという「黄金の豚」の年で、この年に生まれた子どもは、生涯福を授かり幸せに暮らすと言われました。その結果、前年に結婚したカップルが大幅に増えて、2002年から2011年の間で最高のベビーブームになったと言いますから、恐るべしブタ効果！です。また良い夢を見たとき、他の人に自分の夢を買ってくれと言うことがあります。たとえば1万ウォンをもらって、相手に夢の内容を話すと、その夢が意味する良いことが夢を買った人のものになるそうです。何だか聞いただけでウキウキしてきますが、残念ながらまだ豚の夢を見たことがないので、効果のほどは確かめようがありません。

　ころころとして健康そうな子どもを**돼지야！**と呼ぶことがあります。必ずしも太っていなくても、ご飯をよく食べて、病気知らずの丈夫な子どもに育ってほしいと願う親心から昔はそう呼んだようです。**돼지에 진주**（豚に真珠）ということわざは日韓で共通していますが、**돼지 우**

리에 주석 자물쇠（豚の檻に錫の錠前）は分不相応に飾り立てること。**돼지 꼬리 잡고 순대 달란다**（豚の尻尾をつかんでスンデをくれと言う）ここで、「スンデ」というのは市場などで見かける豚の腸詰です。これは、ものには順序があるのに性急に要求することを皮肉った、北朝鮮のことわざだそうです。

㉗ 토끼와 거북이
ウサギとカメ

　「ウサギとカメ」と言えばイソップ童話の、かけっこの話ですが、こちらは少々違うストーリーで、口承文学の一つ、『**토끼전**（兎伝）』。ある日、海底にある龍宮の王様が重い病にかかって、ウサギの肝を食べれば治るという見たてに、カメ（物語の中ではスッポンということになっています）が志願して陸地に出かけ、ウサギをだまして龍宮に連れていきます。肝を差し出せという言葉に驚いたウサギは、とっさの機転で「肝は陽に乾かそうと岩の上に干してきた」と嘘をついて、カメともども再び地上に戻ります。もちろん陸に上がったとたん、カメを嘲笑ってウサギが逃げ出したのは当然のこと。伝統芸能であるパンソリでは『春香歌』『沈清歌』などとともに、『水宮歌』として歌い継がれてきた有名な話です。カメが海中の宮殿に案内するというのは、「浦島太郎」を思わせます。

　海とカメで思い出すのは、豊臣秀吉の命によって日本の水軍が南海を北上しようとしたとき、これを阻むのに大活躍した「亀甲船」のこと。光化門前の世宗路に立つ銅像でおなじみの李舜臣が率いる朝鮮水軍のシンボルともいえる軍艦は、カメの甲羅のように背の部分を鋼鉄で覆い、わき腹や龍頭の口のあたりからは多種多様な砲を発射して、日本の艦隊の陣を崩すように突撃していったと言われます。またカメが長寿を表わすのは共通していて、長生きを代表する十の動物や自然を描いた**십장생**〈十長生〉の屏風絵には、ツルやシカとともにカメが配置されてい

ます。
　거북 운행（カメ運行）という言葉は、大雪などで交通渋滞が起こり、のろのろ運転をするときに使われますが、一日中パソコンにしがみついて、長時間、首をカメのように前かがみにすることで起きる、頭痛、肩こりなどを称して**거북목 증후군**（カメの首症候群）などという表現もあります。何事につけ速さを求める韓国の人にとっては、苛立たしくなる存在かもしれませんが、今や地球規模で「発展」「成長」のあり方が見直されている今日、**토끼 걸음**（ウサギの歩み）と**거북이 걸음**（カメの歩み）のどちらが良いのかは、様々な考え方があるようですね。

㉘ 새우잠을 자다
エビのように寝る

　エビを「海老」と書くのは日本独特のもののようですが、こんな字をあてたのもヒゲが生えていたり、腰が曲がっているところから来ているのかもしれません。**새우잠**とはエビのように腰を曲げて、不自由そうに寝ている姿を指して言う言葉です。狭い所、ソファなどで寝るときは、つい、そんな格好になってしまいますし、経済的に不自由な生活を意味する表現にもなります。
　眠りが浅くて、すぐに目が覚めてしまうときは**토끼잠**と言いますが、ウサギは耳が良いからちょっとした物音にも、眠りが妨げられてしまうということからきたのでしょう。反対にぐっすりと深い眠りは**꽃잠**と言います。「花のような眠り」だからか、この言葉は新婚初夜の眠りを指すこともあるそうです。他にも眠りを表わす言葉はたくさんあります。赤ちゃんが両手を頭の上に伸ばして気持ちよさそうに寝ているのは**나비잠**（蝶寝）、あまりに疲れて場所に構わず倒れるように寝てしまうことを**멍석잠**。멍석(망석)はムシロのことです。寝るような時間でないときに、人目につかないようにこっそり寝るのは**도둑잠**（盗賊寝）、

何人もの人が狭い場所で寝ることを**칼잠**（刀寝）とも言うそうです。背中を下に寝る余裕さえなくて、わき腹をつけて不自由な格好で寝る姿が、刀のようだと見たてたのでしょう。広い海の世界でエビはやはり、小さな生き物と見られていたのか**고래 싸움에 새우등 터진다**（諺 クジラの争いでエビの背が割れる）は強者の争いに巻き込まれて弱者が被害を受けるという意味で、国際社会の動向に左右される小さな国の運命を表わすとも取れる、なかなか含蓄のある表現です。**새우잠을 자도 고래꿈을 꿔라**（エビのように寝ても、クジラの夢を見よ）とは、今は苦しい生活をしていても、志はいつも大きく持てという、「少年よ大志を抱け」のような表現です。

㉙ 까치가 울면…
カササギが鳴けば…

아침에 까치가 울면 반가운 손님이 온다（朝、カササギが鳴けば嬉しい客人が訪れる）とか、**기쁜 소식이 온다**（嬉しい知らせが届く）と言われます。古くからカササギは吉鳥とされて、韓国の国鳥にもなっています。日本では佐賀県や福岡など九州地方にしか見られないので、あまりなじみがないと思いますが、ソウルに行けば、街路樹のあちこちに巣を作っていて、白と黒の羽毛に包まれたハトほどの大きさの鳥を簡単に見つけることができるでしょう。この鳥は鳥類の中でも特に賢くて、人の顔を覚えるといいます。それで見かけない人が現れると鳴き出すことから、外地からの客の訪れを告げると言われるようになったのでしょう。他にも「カササギの巣のかかった木の下に家を建てれば金持ちになる」「巣を手洗いの所で燃やせば病気がなくなる」などという言い伝えも残っています。最近はあまり増えすぎて、農作物の被害や「生態系の破壊」を引き起こすなどと言われて、吉鳥の面目が危うくなっていますが、七夕伝説では牽牛と織女が1年に1度の逢瀬を楽しめるよう、カラ

スと一緒に橋を架けてあげるという大切な役割を果たすので、まだまだ人気は衰えていません。

　一方 까마귀（カラス）はカササギと親類でありながら、全身が黒光りしているという容貌のため、また、死肉を食うなどという良からぬ噂も立って全く人気がありません。以前韓国から来た観光客の方が、日本はこんなにカラスが多くて吉鳥とでも考えているのかと驚いていましたが、もちろん日本でもごみ袋を散らかし回る憎き奴だと答えておきました！

　까마귀가 검어도 살은 희다（諺 カラスが黒いといっても、肉は白い）は人を見かけだけで判断してはならないということわざ。**까마귀 고기를 먹었나**（カラスの肉を食べたのか）と言えば **까맣게 잊어버렸다**（すっかり忘れた）という表現があることから、物忘れがひどい人に言う言葉になったそうです。

　까치 걸음が嬉しいときに両足で跳ねて歩くことを表わしたり、**까치발**が「つま先立ち」を表わすのは、鳥の歩き方から来ているのでしょう。（까치발には棚などを支える三角の「うで金」の意味もあります）正月に歌う童謡に次のようなものがあります。

　　까치 까치 설날은 어저께구요　우리 우리 설날은 오늘이래요.
　　（カササギたちの正月は昨日だったね　私たちの正月は今日なんだよ）

　元日の前日のことを아치설と言ったのが、いつの間にか**까치설**という発音に変わってしまったものだそうです。でも大みそかのことを今でも까치설と呼ぶのは、何だか楽しい物語的想像力をかきたててくれるようではありませんか？

㉚ 강남 갔던 제비
カンナム　カットン　チェビ

江南に行っていたツバメ

　「江南」と言ってもソウルの南ではありません。中国は揚子江の南側にある地域。陰暦の9月9日に、冬の到来を予知したツバメは江南に飛び立ち、翌年の3月3日（**삼짇날**）には再び朝鮮半島に戻って来ると言われていました。木々は新芽を吹き、花がほころび、虫たちもいっせいに活動を始める頃、春の陽気を連れてくるように、帰ってきたツバメの姿に人々はホッと安堵の胸をなでおろしていたことでしょう。小さな鳥が海を渡って長旅をすることも、半年もたって戻って来てから自分の巣をちゃんと探し当てて再び生活を始めることも、昔の人はどれほど感心なことと思ったでしょうか。**강남 갔던 제비**가 돌아왔다（江南に行っていたツバメが帰ってきた）という言葉には自然の巧みな摂理に感嘆する気持ちと、春の季節の訪れを喜ぶ心があふれているように思えます。

　かつては村の娘たちも、ようやく花の咲き始めた野や山を自分の足で踏みしめながら、摘んできた**진달래**（山つつじ）の花びらを、**화전**〈花煎〉という餅菓子に載せて焼くのが楽しみでした。日本でも桃の節句は女の子のお祭りですが、この日に髪の毛を洗うと、艶々とした潤いのある髪の毛になると言われて、娘たちが競って洗髪をするといいますから、やはり女の子たちの日だったようです。もっとも今では農薬で餌になる虫がいなくなったり、環境の激変で、春にツバメの姿を見るのは、難しいともいいます。地球温暖化で、わざわざ江南にまで行かなくても、充分に越冬ができるようになったことも、「ツバメの戻る季節」という言葉を死語のようにしてしまったのかもしれません。蛇足ながら、90年代には金持ちの中年女性にお金を貢がせる若い男を指して**제비족**（ツバメ族）と言ったそうですが、韓国の郵便局がツバメのマークをシンボルにしているのは、決して「イケメン配達人」がいるからではなく、「ツバメのように早く届ける」からであるのは、いうまでもありません。

表現　「吉兆表現」を調べてみましょう

縁起をかつぐ　（재수를 따지다）
チェスルル　タジダ

「夜つめを切ると、親の死に目に会えない」という言い伝えがありますが、韓国でも**밤에 손톱을 깎으면 귀신이 나온다**（夜つめを切るとお化けが出る）と言いますから、忌み嫌うものはお互いに似ているのでしょうか。街角にひっそりと立つ祠に向かって手を合わせる日本人の姿に、素朴な信仰のあり方を見ることができるように、韓国の人々も日々の生活の中で、幸運を願い、邪気を払いたいと思う気持ちは変わることがないように思えます。天変地異を神の仕業と怖れ、個人の幸不幸も**팔자**（運命）と信じていた時代にはなおさらのこと、家族や暮らしの無事平安を祈る気持ちから縁起をかつごうとしたのかもしれません。ここでは禁忌語、吉兆語と言われるものをいくつか紹介しながら、昔の人の考え方を探ってみることにしましょう。なお、「縁起が良い」は**재수가 좋다**、「縁起が悪い（ツキがない）」は**재수가 없다**と言います。

① **다리를 떨면 복이 달아난다.**
タリルル　トルミョン　ポギ　タラナンダ
　　（貧乏ゆすりをすると福が逃げていく）

　無意識のうちに足を揺すってしまうのは、情緒不安定だと言われます。集中力に欠けて、落ち着いた行動ができず、自制心が働かないために衝動的な行動をしてしまうと見られて、それを戒めるために作られた言葉のようです。

　땅을 보고 걷는 사람은 성공하지 못한다（地面を見て歩く人は成功できない）これも自信がないように見えますし、視野が限られてしまうので、成功に結びつかないということでしょう。

　밤에 빨래를 널면 도깨비를 만난다（夜洗濯物を干すとトッケビに出会う）夜の間、洗濯物を外に干したままにしておくと、夜露がかかり変色すると言います。そこで陽が落ちれば家の中に入れなくてはいけないと注意を促す表現です。**엎드려 자면 빌어먹게 된다**（うつぶせに寝ると人の施しを受けて暮らすようになる）というのは、健康上の戒

めでしょうか。

② 공짜를 좋아하면 대머리가 된다.
　（タダの好きな奴ははげ頭になる）

　無料で手に入るものを追い求める人は、実はそのために何かを犠牲にしたり、冷静な判断がしにくくなって、怒りっぽくストレスがたまりがちなんだそうで、そこから余計なことを悩んだりして髪の毛が抜けおちてしまうんだとか。何だか「風が吹けば、桶屋が儲かる」みたいなこじつけの感が無きにしもあらずですが…。また、昔バリカンという理髪道具が初めてお目見えした頃に、宣伝のために無料で団体でバリカン理髪をやってあげたことがありましたが、当時はあまり衛生面に気を使わなかったために、ダニやシラミなどが他の人に移って、やがて髪の毛が抜けおちる人が続出したなどという説もあります。日本式に言えば「タダほど高いものはない」でしょうか。これに似たことわざがロシアにもあって、「タダのチーズはネズミの罠にだけ置かれている」と言うんだそうです。うーむ、なるほど。タダに飛びつく人を戒めるときは**세상에 공짜는 없다**（世の中にタダはない）と悟ったようにつぶやきます！

③ 어른에게 드릴 물을 자기가 먼저 마시면 그릇에 입이 붙는다.
　（年長者に差しあげる水を自分が先に飲んでしまうと、器に口がくっつく）

　儒教の考え方では何より目上の人を尊重しなければなりません。家族そろって食事をするときもいちばん上の人が箸を持って初めて食事が始まるように、下の者が先に飲んでしまうなどもってのほか。順序を守らなければ器に口がくっついてしまうという恐ろしいできごとが…。このような考え方の中にはどうも男女差別が露骨に現れる表現もたくさんあります。

　남자가 밥상 귀퉁이에 앉으면 출세를 못한다.
　（男が食卓の隅に遠慮がちに座ったりしたら出世もできない）
　여자가 음성이 크면 과부가 된다.
　（女が声が大きいと寡婦になる）
などと、今の時代に口にしたら、大変なことになりそうな言葉がごろご

ろ。女性の行動をけん制する表現には、**밤에 거울을 보면 남에게 미움을 받는다**（夜、鏡を見れば他の人から憎まれる）、**밤에 머리를 빗으면 근심이 생긴다**（夜、髪をとかせば心配事ができる）というのがあります。それぞれ「夜、鏡を見る」「夜、髪をとかす」ということ、つまり夜に女性がこっそり男性に会うために出かけようとするのを戒めるのが目的と言われます。

④ 이사간 첫 날은 거꾸로 자야 귀신이 들어오지 않는다.
　　イ サ ガン　チョン　ナルン　コックロ　チャヤ　キ シ ニ　トゥロ オ ジ　アンヌンダ
（引っ越した最初の日にいつもと反対方向に枕を置いて寝れば、災いが寄りつかない）

　引っ越しも人生の一大事ですから、縁起をかつぐのも当然でしょう。今でも**손 없는 날**を選んで引っ越しする人が多いと言いますが、これは「手がない」のではなく、손という邪鬼が東西南北の方向を駆け巡りながら、人の行動を妨害するという言い伝えに基づいています。ただ陰暦の０と９のつく日（９日、10日、19日、20日など）は邪鬼が天に昇っていないために、災いが避けられるとして、引っ越しや家の修理を行うようになったそうです。引っ越しセンターのホームページを見れば、「손 없는 날」カレンダーが表示されていて、それ以外の日に比べて料金も割高なようです。

　　　　갓 이사 와서 팥죽을 쑤어 먹으면 부자가 된다.
　　　（引っ越ししてまもなく、小豆粥を炊いて食べれば金持ちになる）

　もともと、小豆の赤色が邪気を払うという考え方があって、特に冬至の日には小豆粥を炊いて、部屋ごとに置いたり、庭に撒いたりする習慣があったと言われています。

⑤ 꿈에 똥을 만지면 운이 트인다.
　　ク メ　トンウル　マン ジ ミョン　ウ ニ　トゥインダ
（夢でウンコを触れば運が開ける）

　「ウン」と「運」の語呂合わせというのは、日本語の世界。それでも똥と돈の発音の類似性からか、夢占いでは똥を食べたり、肥溜めにはまったりすると財運が訪れると言われます。実際、ロトに当たった人たちに聞いた調査では、돼지꿈（「豚の夢」p53参照）を見た人より똥꿈を見た人の方がわずかに上回っていたそうです。夢に関する話は１冊の

本になるほど多いですが、少しだけ紹介しておきましょう。

집이 불 타는 꿈은 집안이 흥할 징조.
（家が焼ける夢は家運が盛んになる兆し）

ぼうぼうと燃えさかる様子を吉と見るわけです。

꿈에 웃으면 낮에 우는 일이 생긴다.
（夢で笑えば、昼間泣くようなできごとが起きる）

どうも夢と現実は反対のことになるのが多いようです。

꿈에 이가 빠지면 가족 중 한 사람에게 나쁜 일이 생긴다.
（夢で歯が抜けると家族の一人に悪いことが起きる）

これは日本でも言われることですが、人の死に関わる言葉としては

상여가 나갈 때는 길을 가로질러 걷지 않는다.
（棺が墓地に向かうときに道を横切ってはいけない）とか、

이름을 빨간 것으로 쓰면 죽는다.
（名前を赤いもので書くと死ぬ）

と言われているので、今でも人の名前を赤いペンでは書きません。

⑥ 첫눈에 넘어지면 재수가 좋다.
（初雪に転べば縁起が良い）

첫눈（初雪）は冬の訪れを告げる信号でもありますから、その日に滑って転べば冬に対する備えをしっかりする心構えができて、**전화위복**（禍転じて福となす）となるのではないでしょうか。もっとも打ちどころが悪くて大けがでもしたら、何にもなりませんけど。

첫눈을 세번 집어 먹으면 감기에 안 걸린다（初雪を3回つまんで食べれば風邪を引かない）ということわざもあります。

初雪はまた、ロマンチックな雰囲気を演出してくれるので、**첫눈을 함께 맞은 연인은 평생을 함께 산다**（初雪を共に迎えた恋人は一生を共にする）と言われて大切な記念日ともなるようです。毎年、気象庁には初雪の予報を問い合わせる電話が殺到して、その日に合わせてレストランを予約したり、プレゼントを準備する人も多いとか。雪とは関係ありませんが**처음 개장한 가게에서 빨간 속옷을 사면 재수가 좋다**（新規開店した店で赤い下着を買うと縁起が良い）という「都市伝説」もあり、ゴルフ好きの人たちには**홀인원 하면 3년동안 재수가 좋다**

（ホールインワンしたら３年間運が良い）という話は広く知られています。

　その他にも良いことが起きることを約束する吉兆語の中には豊作、男児誕生、長寿などをもたらすという表現がたくさんあります。特に人間の力ではどうにもならない自然現象に将来の吉凶を読み取ろうとすることは、農耕社会に暮らす人々に共通しているのかもしれません。では次のような言葉はどんな考え方から来ているのでしょうか。一度ゆっくり考えてみてください。

　　　겨울 날씨가 몹시 추우면 여름에 질병이 없다.
　　（冬にぐっと寒くなると夏に病がない）
　　　큰 일이 있을 때 외삼촌 숟가락을 훔쳐 밥을 먹으면 액땜을 한다.
　　（大事を前にして母方の叔父のさじを盗んでご飯を食べれば厄除になる）
　　　결혼식 날 신부가 화내면 첫아들을 낳는다.
　　（結婚式の日に新婦が怒れば初めての子は男の子だ）
　　　산 사람이 죽었다고 소문 나면 그 사람은 명이 길다.
　　（生きている人を死んだという噂が立つと、その人は長生きする）
　　　영구차를 본 후 주먹을 쥐고 집에 들어오면 먹을 것이 생긴다.
　　（霊柩車を見た後、こぶしを握りしめて家に帰れば、食べ物にありつける）

最後に、味わい深い吉兆語を一つご紹介しましょう。
　　　장독에 메밀 꽃이 피면 장맛이 좋다.
　　（調味料を貯蔵した甕の側に蕎麦の花が咲けば、醤油、味噌などの味が良い証拠）
何だか懐かしい田舎の風景が思い浮かぶようではありませんか？

ひとすじの思い、
タンポポ

愛情・友情編

韓国ドラマの世界では1年365日、いつでも 사랑（恋、愛情）や 우정〈友情〉、時には人間の果てしない野望に身を捧げる人々の姿が、時代や環境、世代を超えて繰り返し描かれています。来日した芸能人がよく口にする 사랑해요！という言葉もすっかり耳に慣れましたが、どうも「愛してます」という日本語訳では表わしきれない、広く深い意味がこめられているように思えます。韓国の人たちにとっては、왜 우리나라 노래나 드라마는 사랑타령만 하나요？（どうして韓国の歌やドラマは寝ても覚めても恋だの愛だのなんですか）と、苦々しい思いで見ているかもしれませんが、日頃愛情表現の苦手な（？）私たちとしては、思いきり愛の世界に浸るのは心地よい非日常世界へのつかの間の旅立ちとなるのです。ここでは果たしてどのような場面で、どういう愛情表現が用いられるのか、よく耳にする言葉の中から、その意味合いを探ってみたいと思います。

31 마음에 담아두다 / 정을 주다

心にとどめる / 情けをあげる

　日本語にするとどうもぎこちない表現になってしまいますが、好きだや愛しているというストレートな言葉とは違い、抑制がきいた奥ゆかしく味わい深い表現ではないでしょうか。**마음에 담아두다**（心にしまっておく）は心引かれた人の面影を心のうちに大切に刻むという意味でも使いますし、男女間の恋愛感情に限定されず、大切なこと、心配になることや悲しみの記憶なども含んで、広い意味合いで使われる言葉です。相手に向かって好きだと叫ぶのではなく、**어느 날 하늘에서 별이 날아와 살며시 마음에 앉은 것 같다**（ある日、天から星が飛んできて、そっと心に入りこんでとどまっているような気分）とでも言うのでしょうか。また「情」という言葉も、韓国の人たちの精神世界を表わすのにしばしば用いられて、人と人を結びつける心の根本であるとも言われます。よく夫婦も長く暮らしていれば、結婚当初の燃えるような熱い思いではなく、静かに流れる河のようにゆったりとした「情」によってより強い結びつきに変わると言いますが、これは国を問わずそう言えるのかもしれません。

　정을 주다は最大限に相手に配慮をし、真心を尽くすという意味では、お隣さんから職場の同僚、ペットに対する気持ちや困っている人に対して思いやりを発揮するときにも使えますが、異性との間で使われれば、心の底からにじみ出てくるような、深い思いを感じさせます。**정이 들다**は「愛着がわく、情が移る」といった意味で、**정이 떨어지다**となれば「愛想が尽きる」となってしまいます。**정들자 이별**（情が移ったと思ったら別れ）は人間の思うようにならない、出会いと別れの切なさを言い得て妙です！

32 상사병에 걸리다
サンサピョンエ コルリダ

恋の病にかかる

　漢字では〈相思病〉—想思病という説もあります—となるので、お互いに好きなのかと思ったら、「片思い」のことを表わします。時に、遠距離恋愛のように会いたくても会えないような状況で、互いを恋い焦がれるような場合にも使うことはあるそうですが…。ここで「思う」というのは「思慕」の意味で、これも奥ゆかしい表現です。片思いを表わすのに**짝사랑**という言葉もあって、**첫사랑**（初恋）が짝사랑という切ない経験を思い出す方もいるのでは？ この病気にかかると食欲がなくなり、寝ることもできず、仕事も手につかなくなってついには寝こんでしまい、やがて病状の悪化によって最悪の場合、死に至るという**몹쓸 병**（手のつけられない病気）だと言われます。

　朝鮮時代の有名な妓生であった黄真伊（ファン・ジニ）という女性が十五歳のとき、近くに住む身分の低い男性が彼女に一目ぼれをしたあげく、叶わぬ恋に身を焦がして死んでしまったそうです。ところが墓地に向かう棺が、彼女の家の前に来るとぴたりと動かなくなってしまいました。事情を知らなかった彼女でしたが、その話を聞くとあまりに不憫な死を悼んで、自分の履いていたチマを棺にかぶせて極楽への旅立ちを祈ったところ、不思議にも棺は再び動き出して死出の道を旅立っていったといいます。このことがあって、彼女は花柳界に身を投じる決心をしたと言いますが、ドラマや映画でもよく知られる哀切なエピソードですね。「〜病」という言葉を調べると、**난치병**〈難治病 ☞ 難病〉、**불치병**〈不治病 ☞ 不治の病〉、**희귀병**〈稀貴病 ☞ 稀な病気〉、**향수병**〈郷愁病 ☞ ホームシック〉などいろいろ出てきます。世の中にはまだまだ、医者も薬も効かない病気がたくさんあるようです。

33 천생연분 _{チョンセンヨンブン}

天が定めた縁

　천생연분〈天生緣分〉は、人の力で拒否することのできない運命的な男女関係を表わす言葉です。運命の赤い糸で結ばれた、ということでしょうか。また夫婦関係が仲むつまじいのを見て、こう言うこともあるようです。ドラマチックな響きから数多くのドラマ、小説、マンガや歌のタイトルにもなってきました。

　　가 : 저 두 사람, 참 잘 어울리는 것 같지 않니?
　　　　（あの二人、ほんとにお似合いじゃない？）
　　나 : 그래, 성격도 서로 비슷한 게 **천생연분**이야!
　　　　（そうだね。性格もよく似てるのは赤い糸で結ばれているんだろ！）

と、他の人に言われるのはいいですが、一方が勝手に天生縁分と思いこんで、ストーカーのようにつきまとうなんてことになると、悲劇の始まりになるかもしれません。そこでもう少し客観的（？）に確かめる方法として**궁합**（相性）を見るということがあります。**사주팔자**（四柱推命）という占いを通じてなされますが、互いの生年月日と生まれた時刻を照らし合わせて、果たして本当に良い縁なのかを判断するもので、結婚を前にしたカップルや、見合いの相手との相性を確かめるときなどに使われます。その結果によっては悩むことにもなりかねませんが、どこまで信じるかは本人次第であることは言うまでもありません。

[ある占い師の言葉]
― **천생연분**의 인연이 있습니다. **궁합**이 좋으며 떨어져 있는 것보다는 함께 있는 것이 훨씬 더 좋은 커플이지요. 한쪽이 어려움에 처해 있을 때 다른 쪽에서 용기를 북돋워 주는 이상적인 만남이라

は、것이 확실합니다.
(天生縁分の結びつきがあります。相性が良く、離れているよりは共にいるほうがずっと良いカップルですね。一方が困難に直面したとき、もう一方が勇気を奮い立たせてくれる理想的な出会いであるのは確実です)
なんて託宣を聞くことができたら、これはもう正真正銘の縁かもしれません。

34 춘향전〈春香伝〉と 밀양〈密陽〉아리랑

　「春香伝」と言えば、「沈清伝」とともに古典小説の双璧といわれるほど有名な話です。もともとは **판소리** という話芸として語られてきた話が、小説となって多くの人に読まれるようになり、現代でも映画、演劇、ドラマ、オペラ、ミュージカルの題材として好んで上演され、誰からも愛される国民的ラブストーリーとなっています。沈清伝が子どもの親に対する孝行心を賛美するものであったのに対して、春香伝は身分の違いを越えた純粋な愛と、権力者に対する庶民の抵抗を描いた愛の賛歌ともいえる物語です。お話の中で、主人公の春香がブランコに乗って遊ぶ姿に一目ぼれした地方長官の息子、李夢龍が自分の気持ちを伝えると、彼女は身分の違いを理由に正式な結婚ができないのなら断ると最初は拒絶します。彼は決して遊びではなく、いつかは必ず結婚することを約束して誓紙を書くことになります。

―**천생배필**을 만나 **백년가약**을 맺기로 언약하니 후에 만약 약속을 지키지 못하는 경우가 있거든 이 문서를 보여주고 소송을 하라
(運命の人に出会い、一生添いとげる誓いを立てたのだから、後に万一この約束を違えたら、この文書を見せて訴訟を起こすこと)
　천생배필は先に触れた天生縁分と同じ言葉ですし、**백년가약**〈百年佳約〉は百年に及ぶ美しい約束のことで、結婚の誓いを意味します。そ

れにしても「訴訟を起こす」とはずいぶんドライな考え方をしたもので…。この後二人は身も心も相手に捧げる恋愛に酔いしれますが、原作はこの性愛描写がなかなか濃密で、小中学校では原文を読むことが禁じられているとか。作品の中でも二人の愛情がいかに素晴らしいものかを語る場面は、パンソリでは唄い手の聞かせどころといわれます。

　　──굽이굽이 깊은 사랑, 시냇가 수양같이 척 처지고 늘어진 사랑, 화우동산 목단화같이 펑퍼지고 고운 사랑, 포도 다래같이 휘휘친친 감긴 사랑, 연평바다 그물같이 얼키고 맺힌 사랑아, 은하직녀 직금같이 올올이 이룬 사랑…
　　(くねくねと深まっていく愛よ、川のほとりの柳のようにしなやかにもたれかかる愛よ、花の舞い散る山の牡丹のように開いた美しい愛よ、葡萄の房のようにぐるぐる巻きつく愛よ、西の海に打たれた網のようにからまって結びつく愛よ、織姫が織った金襴のように一目一目丹念に編みあげられた愛よ…)

　例えの内容がピンとくるかどうかは別にして、詩的な想像力にあふれた言葉を選んで、「愛」というものを高らかに歌いあげているのが感じられるのではないでしょうか。舞台となった全羅北道の南原では1931年以来「春香祭」を行って、古典芸能に親しむ機会を設けているといいます。また南原市と姉妹都市となっている慶尚南道の密陽という地域には、有名な民謡「密陽アリラン」が伝承されていますが、その歌詞にも素朴な男女の恋の模様をうかがわせる表現が見られます。

　　날 좀 보소 날 좀 보소 날 좀 보소
　　(私を見てね　私を見てね　ちょっとでも見てね)
　　동지섣달 꽃 본듯이 날 좀 보소
　　(11月、12月に見る花のように　私を見てね)
　　정든 님이 오시는데 인사도 못해
　　(好きなお方がいらしたのに　挨拶もできない)
　　행주치마 입에 물고 입만 뻥긋
　　(前掛けを口にくわえて　にっこりするだけ)

11月や12月は花の咲かない季節なので、その時期に花を見たら愛おしく、大切に眺めるはずだから、そのように自分を見てほしいという女ごころ。정든 님（好きな人）が目の前にいても、恥ずかしくて声もかけられないという恥じらいなどがありのままに歌われていますね。春香伝ほど露骨ではないけれど、素朴で庶民的な愛情表現を軽やかに歌った民謡ではないでしょうか。

コラム 民族の歌、アリラン

　民謡と言えば世界の多くの国で歌われている庶民の歌と言えるでしょう。日々の生活や労働の辛さ、男女の情や機微を軽やかに歌う民謡の歌詞やメロディには、国を問わず共通した情感がありそうです。韓国・朝鮮の民謡を大きく分ければ、田植え、刈り入れなどの労働謡、喪輿歌、地神踏みなどの儀式に歌われるもの、**강강술래**（女性たちが輪になって踊るもの）、**줄다리기**（綱引き）などの集団遊びで歌うものなどになりますが、何といっても、**아리랑**は代表的な民謡として誰にも知られています。植民地時代には抵抗の歌ともなり、サッカーの試合では応援団が選手たちの士気を高めるために歌ったり…2007年に封切られた映画『D-War（심형래監督）』では、ラストシーンにアリランが流れて、びっくりしました。韓国の古代伝説を背景にしたＳＦ映画ですが、出演者はアメリカ人俳優、セリフもすべて英語なのに、最後にアリランが出てくるとは！北朝鮮でも歌い継がれているこの歌は、単純に民謡というより、民族の魂を呼び覚ます絆という役割を果たしているようで、2012年には「パンソリ」や「端午祭」などとともに、世界無形文化遺産に登録されました。

35 일편단심 (イルピョンタンシム)

〈一片丹心〉ひとすじの思い

　4文字の漢字語ということで、漢文から取った言葉のように見えます。確かに歴史に残る詩文の一節にあった表現で、高麗時代の末期（14世紀後半）の優れた儒学者で、政治家でもあった鄭夢周という人が作ったという「丹心歌」の中に出てきます。彼は高麗王朝の改革のために李成桂（朝鮮王朝の始祖）とともに奮闘しますが、後に李成桂の野望を知って袂をわかちます。その五男である李芳遠（朝鮮三代王。世宗の父）が、時調（定型詩）を通じて彼の真意を探ろうとしたところ、「この身が百回死に、骨が塵になり魂さえなくなったとしても、님 향한 **일편단심**이야 가실 줄이 있으랴（高麗に向かう一片丹心は消え去ることがありはしない）」と詠みあげ、李氏には従わないことを伝えました。李芳遠は惜しい人物と思いながらも、刺客を送って彼を亡きものにしてしまいますが、その忠誠心は長く人々に伝えられたそうです。

　こんな由来を持った重みのある言葉ですが、後には一人の人だけを愛し続けることにも使われるようになりました。春香が、新任の地方長官の脅迫にも屈しないで妾になることを拒否し、死罪を宣告されても愛する人との誓いを守ろうとしたことも、「一片丹心」と言われます。また、**일편단심 민들레**という言葉があります。これも昔々のお話ですが、新婚の夫が国の命令で辺境の地に派遣されて、やがて何年も待ち続けた妻の元に戦死の知らせがもたらされました。悲痛のあまり妻も死んでしまいましたが、彼女の名前が 민들레 だったそうです。彼女が夫の帰還を待ちわびて村のあちこちを歩き回っていたその跡に、いつしか **민들레**（タンポポ）が咲くようになりました。村人が哀れに思いながらその花を摘み、名前を呼びかけると、花は必ずこうべを垂れて萎れてしまったそうです。日本古代の防人（さきもり）の話を思わせる、何とも切ない伝説ですね。

36 그림이 좋다

（クリミ チョッタ）

絵がいい
▶見せつけてくれる

昔場末の映画館で見た三流映画の一場面。若い恋人が仲良く手を握って歩いていると、チンピラ風の男が（たいてい二人連れ）近づいてきて 이야～ **그림이 좋다**！（いや～見せつけてくれるな）とからかって因縁をつけてくるというのがよくありました。そこでカップルの男性が簡単にチンピラを追い払うか、反対にボコボコにされてしまうかは、後のストーリー展開によりましたけど。文字通り、「良い絵だ」とか「絵が好きだ」という意味もありますが、いちゃつくカップルを冷やかすときに使われる表現です。やっかみ半分ですが、**보기 좋다**（いい雰囲気を出している）と、温かく見守るような気持ちで言うこともあります。

두 사람이 키도 딱 어울리고 다정하게 걸어가는 모습이 정말 **그림이 좋은데요.**
（二人は背もぴったりだし、仲良く歩いている姿が本当に素敵ですね）

もっとも人前はばからずに、べたべたイチャイチャしていると **닭살 커플**（鳥肌カップル）とも言われます。見せつけられた方は、ぞぞっと思わず鳥肌が立つ（닭살 돋다）ので、どうか誰もいない所で自分たちだけの世界に浸ってください！

ところで「鳥肌が立つ」という言葉は、本来恐ろしい、おぞましいなどの否定的な意味で使われるものですが、最近の日本では「最後の演技には鳥肌が立ちました」などと、感動的というような意味合いで使われることがよくあります。「ヤバい」というのが、危険だという場合ではなく非常に優れたものを指すのと同じように、使われ方が変わってしまい、古い世代の人間にはどうもなじめなくって…、ついそんな言葉を聞くと닭살이 돋는다！と言いたくなります。

仲の良い様子を表わす言葉には他にも **다정하다** があります。「思いや

りがある」「愛情がこもっている」「親しげだ」という幅広い意味があって、男女間だけでなく、親子、兄弟、友人との間でも使われています。

❸❼ 미운 정 고운 정
憎い情、美しい情

　「情」は人間関係の中に芽生える様々な感情のことだと言われます。愛情も友情もその一つですが、つきあいが長くなるほど、相手に対して持つ感情は決して単純なものではなくなるのではないでしょうか。곱다という言葉は辞書では「美しい」と訳されますが、**목소리가 곱다**（声がきれいだ）、**살결이 곱다**（肌が美しい）、**마음씨가 곱다**（気立てが良い）などのように使われています。ここでは相手を好ましく思い、長所ばかりが目について魅かれていくような感情を指します。**제 눈에 안경**（自分の目に眼鏡 ☞ あばたもえくぼ）という言葉もありますが、相手に向かう純粋で、美しい気持ちであることは確かです。ところが長い間一緒にいれば、相手の嫌な所も見えてくるわけで、そこで心が離れてしまえば関係は続かなくなってしまうでしょう。정이 떨어지다（愛想が尽きる）となれば、もうおしまいです。**오는 정이 고와야 가는 정이 곱다**（相手の気持ちが好意的でなければ、こちらの気持ちも好意的になれない）ということわざがあるように、相手が自分を憎く思うと、自然にこちらも相手を憎く思えてくることはよくあります。でも미운 정 というのは不思議な感情で、憎く思う気持ちが自身を振り返るきっかけになったりもするし、好きだと思う気持ち以上に相手に執着するような作用があるようです。そこで 고운 정 と 미운 정 を繰り返しながら、いつの間にか **뗄래야 뗄 수 없는**（切っても切れない）関係として成熟していくのだとか。人の交わりとは実に奥の深いものです。

　　미운 정 고운 정 주고 받고 우리가 함께 동고동락한 지 어언 30년.

（愛憎を分かち合い、私たちが苦楽を共にしてからいつの間にか30年）

　これは、ある職場で管理職の人が退職することになったときのスピーチの一部ですが、このような思いは夫婦の間で、嫁・姑の間で、自分が育った故郷の町に対しても、ふとこれまでを振り返ったときに自然とわきあがってくる感情なのかもしれません。

38 우리 친구 하자
友だちになろう

　친구 하다は「友だちとしてやっていく」という意味で使われています。하다というのも便利な言葉で、**밥 하다**（ご飯を作る）**음악 하다**（音楽を専攻する、音楽活動する）**문학 하다**（文学活動をする）という言い方もしますし、차라도 한 잔 할까요？ と言えば「お茶する？」みたいです。一方 친구の方も **인터넷 친구**（メッセンジャー、オンラインゲームなどを通じて知り合った友人）、**문자친구**（携帯電話のメールをやり取りする、メル友）、**술친구**（飲み友だち）等々、バリエーションが豊かです。영원한 술친구 닭똥집볶음は「永遠の酒の友、砂肝炒め」ですが、酒の肴に欠かせない 친구 ということになります（これは好みの問題があります！）。もっとも **술친구는 친구가 아니다**（飲み友だちは真の友だちじゃない）ということわざもあって、この見解については意見が分かれるところかもしれません。やっかいなのは **남자 친구、여자 친구** という表現です。ただの友だちという意味でも使いますし、カレシ、カノジョという含みから婚約の一歩手前まで、果たしてどこまでの関係なのか、口にしたときの表情から察するほかありません。親友のことを **단짝 친구** と言いますが、짝が対になっているものの片方を表わす言葉で、それがたった一つきり 단〈単〉ということから来たようです。**친구 따라 강남 간다**（友について江南に行く）というこ

とわざは大切な親友の行く所なら、どんなに遠くてもついていくという友情の深さを表わす場合と、自分はしたくないのに他人に引きずられてやむを得ず行動するという二つの意味があるそうです。ここで友人、友情に関連したことわざをいくつかご紹介しましょう。

삼밭에 쑥대（麻畑にヨモギ）
―まっすぐに育つ 삼（麻）の畑に生えた 쑥대（ヨモギ）がまっすぐに伸びるように、善良な人とつきあえば良い影響を受けて成長するということ。

진날 개 사귄 것 같다（じめじめした日に犬と遊ぶようなもの）
―진날は雨や雪でじめじめした日。そんな日に犬と戯れたら不愉快この上ないということで、悪い人とつきあえば悪い影響を受けてしまうということ。

새도 가지를 가려 앉는다（鳥も枝を選んで止まる）
―友人はちゃんと選んでつきあわなくてはならない。

옷은 새 옷이 좋고 사람은 옛 사람이 좋다
（服は新しいものが良く、人は長いつきあいが勝る）
―友情はつきあいが長いほど深まるもの。

㊴ 바늘 가는 데 실 간다
パヌル カヌン デ シル カンダ

諺 針の行くところ糸も行く
▶親密な関係

　これも友情を表わすことわざの一つです。「針」と「糸」は欠かせないパートナー。それぞれ一つだけあっても役に立たないし、だからこそ、いつも一緒に行動する絶妙のコンビでもあります。仲の良い友人同士（夫婦を指すことも）を指していう言葉ですね。切っても切れない組み合わせを言うときに **바늘과 실** ということもあります。インターネットを探

すと、人間に限らず次のような場合が出てきました。**자동차와 휘발유**（車とガソリン）、**치약과 칫솔**（ハミガキと歯ブラシ）、**빗자루와 쓰레받이**（ほうきとチリトリ）、**감자 튀김과 케첩**（フライドポテトとケチャップ）、**햄버거와 콜라**（ハンバーガーとコーラ）、**짜장면과 단무지**（チャジャン麺とタクアン）… 바늘과 실のような組み合わせ方を日本と比べるのもおもしろいかもしれません。

　바늘は、裁縫以外でも手術の縫合のときに使いますが、たとえば「10針縫った」は **열 바늘 꿰맸다** と言います。一方、東洋医学で用いる「ハリ」は침ですが、時に民間療法として悪い血を抜くために指に針を刺すことがあって、これを **손따기** と言います。엄지손가락에 실을 감고 바늘로 찔러서 피를 빼다（親指に糸を巻いて針で刺し血を抜く）ということで、これは裁縫用の針ですから 바늘 です。主に、消化不良を起こしたときに行われるそうですが、どれほど効果があるのやら… **기진맥진**（精根が尽き果てた）しているときならともかく、意識がはっきりしているのに、麻酔もかけずに指に針をブスッと刺されるなんて、想像するだに恐ろしい！一方、실は長くつながっていることから、昔から長寿のシンボルと言われて、１歳の誕生日に子どもに将来を占う品物をつかませる **돌잡이** では、糸をつかんだら無病長寿は間違いなしという縁起物です。

㊵ 님과 벗
<small>ニム グァ ボッ</small>

あなたと友

　『진달래 꽃（つつじ）』という詩で名高い金素月（1902-1934）は短い生涯の中で、数多くの美しい詩作品を残しましたが、その中に表題の님과 벗という詩があります。

님과 벗　　− 김소월

벗은 설움에서 반갑고
님은 사랑에서 좋아라
딸기꽃 피어서 香氣로운 때를
苦草의 붉은 열매 익어가는 밤을
그대여 부르라 나는 마시리

あなたと友　　− 金素月

友は 悲しみのうちに 慰めとなり
あなたは 愛のうちに 歓びとなる
苺の花が咲き 香り立つときを
唐辛子の 赤い実の熟す夜を
君よ歌え　吾は飲まん

　님 は 과장님 のように肩書などにつける場合は、〜様にあたる敬称ですが、前に紹介した **님보고 뽕도 딴다**（p16 参照）のように単独で使われる時は「愛しい人」の意味になるようです。ただ、植民地時代には民族独立や、愛国心をはっきりと言葉にできなかったために、一見、恋の相手のように見せながら、国や民族のことを例えて님と表現する場合もありました。この詩では初めに 벗 という言葉が出てきますが、これは 친구 よりもずっと昔から使われてきた友を表わす言葉で、ただ単に仲の良い友だちというより、価値観や人生観が通じる人というようなニュアンスがあったようです。また、懐かしい友人という感じもあって、学校の同窓会に参加を呼びかけるときには **추억의 ××학교 그리운 벗이여!**（思い出の××学校の懐かしい友よ）などという表現がよく使われています。他に **책은 평생의 벗이다**（本は生涯の友だ）とか **자연을 벗삼아 시골에서 산다**（自然を友と見なし、田舎で暮らす）と言うこともありますが、日本語では「友だち（친구）」と「友（벗）」の語感の違いとも言えるでしょう。

コラム 님のつく言葉

ドラマなどでおなじみの사장님、회장님以外にも、님のつく言葉はたくさんあります。宗教の世界では **하느님**（하나님＝キリスト教の神）、**부처님**（仏教の仏様）、職業につける **기사님**、(運転手さん)、**감독님**（監督）、**PD님**（プロデューサー）。님が単語の一部になっているものとして、**스님**（お坊さん）、**손님**（お客さん）、**장님**（視覚障害者）など。またよく知られているように、親族の呼び名には님をつけて言うことが多いです。**아버님**（お父様）、**어머님**（お母様）、**부모님**（ご両親）、**아드님**（息子さん）、**따님**（娘さん）、**형님**（お兄さん）、**누님**（お姉さん）等々。空港で呼び出されるときなどに、박철수님のように名前の後につけて言うことがありますし、銀行に行くと「山田太郎 손님～」のように顧客の名を呼ぶことがあります。またインターネットではハンドルネームに님をつけて、ah1234님などと書いて呼びかけているのもよく目にします。

ところで、님＝様と覚えてしまうと困ることがあります。「お客様」→ 손님님（×）손님（○）、「お二人様」→ 두 분님（×）두 분（○）、「お医者様」→ 의사님（×）의사 선생님（○）などを見ると、直訳しても通じないことがあるのがわかりますね。

十年たてば
山河も変わる

自然・天候編

昔、朝鮮半島の秀麗な地形を表わす言葉に 삼천리금수강산〈三千里錦繡江山〉という表現がありました。三千里とは咸鏡北道の北端から、済州島の南端までの距離ということで国土全体を表わし、そこには錦のように美しく色とりどりの草木に覆われた山河があるという意味でしょうか。「国破れて山河あり」とは中国の杜甫が唐王朝の危機を嘆いて作られた詩と言われますが、朝鮮半島の栄枯盛衰もまた筆舌に尽くしがたいものがあったようです。長い歴史の中で繰り返された戦争の惨禍で、人々の生活だけでなく、国土まで荒廃してしまうような試練も幾度となく訪れました。それでも大地には春になれば草花が芽吹き、河の水は氷を溶かして流れ続けてきたからこそ、再び希望を持って立ちあがることができたのでしょう。三千里江山に根を下ろして冬の厳しい寒さに耐えながら、うららかな春の日を心待ちにする人々の思いは、강남갔던 제비（p58 参照）という表現にも現れていましたが、ここではさらに多くの、自然や天候にまつわる表現を味わってみたいと思います。

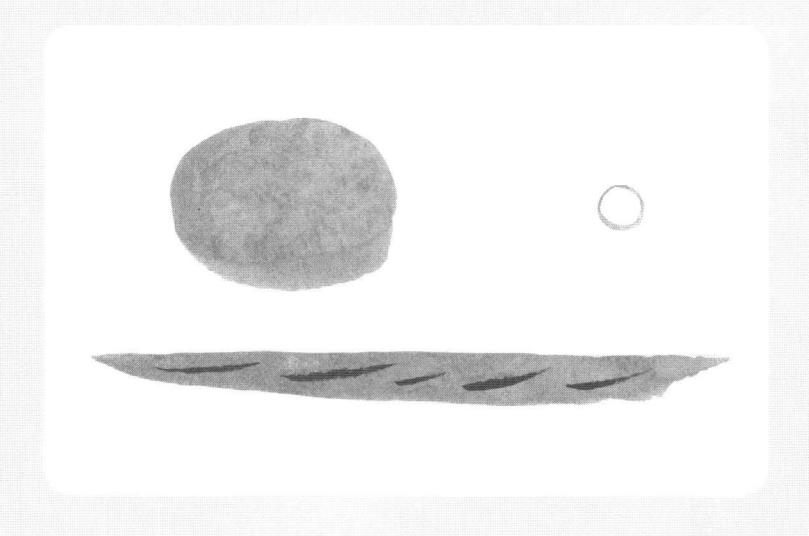

㊶ 십년이면 강산도 변한다
シムニョ ニ ミョン カンサンド ビョナンダ

諺 十年たてば山河も変わる

　このことわざの由来は古く、高句麗の始祖 朱蒙（朱蒙）の語った言葉だと言われます。부여（扶余）の地に育った彼がやがて故郷を追われた後、高句麗を建国して再び戻って来たとき、幼い頃弓矢の練習をした山に、うっそうと草木が茂っているのを見て **십년이면 강산도 변하는구나!**（十年たてば山河も変わってしまうんだなぁ）とつぶやいたとか…。当時の十年と今の十年では歳月の感覚が違うでしょうし、現代では開発の名分を押し立てて山が削られ、高速道路が現れ、河が埋めたてられてしまった結果、山河が一変してしまうのは数年もかからないことかもしれません。でもこの言葉は山河が変わることそのものより、自然すら変わってしまう年月の間に、人間や人間が作りだした社会は、見違えるほどに変わってしまうことを言いたいのではないでしょうか。

　십년이면 강산도 변한다지만 요즘 인사동에는 옛 정서가 거의 사라졌다
　（十年で山河も変わると言うが、このごろ仁寺洞からは昔の情緒がほとんど消えてしまった）

　最近Facebookを通じて数十年ぶりに見た高校の同窓生の写真は、髪は白くて薄くなり、顔に刻まれたシワはとめどなく広がって…それはもう、鏡に自分の姿を映して見ているのかもと思うと、すっかり落ちこんでしまいました。ああ、**십년이면 강산도 변한다는데!**

　漢文の四字熟語で同じ意味を表わすものに、桑田碧海（**상전벽해**）という言葉があります。桑畑が青い海に変わってしまったというものですが、今や地球温暖化の影響で、極地の氷山が溶けて、緑地帯が砂漠化するという時代ですから、もっと的確に深刻な現状を表わす、新しい言葉が考えだされなくてはいけないのかもしれません。

㊷ 산넘어 산이다
サンノモ サニダ

諺 山を越えれば（また）山だ
▶一難去ってまた一難

　飛行機が仁川空港を目指して高度を下げると、眼下に朝鮮半島の地形がはっきりと現れてきます。険しく高い山並みではありませんが、なだらかな稜線がどこまでも続いているように見えます。2000mを越える高山は中国との国境にある白頭山（2744m）を始めとして北の地方に限られていますが、徒歩で移動するしかなかった時代には、峻嶮な山でなくとも時に険しい道なき道を踏み越えて旅を続けなければなりませんでした。旅人は思わず **산넘어 산이다!** とため息をつきながら、はるかな峰を見上げていたことでしょう。最近は **백두대간**〈白頭大幹〉という言葉をよく目にしますが、これは白頭山から始まって、東海岸に沿うようにして伸びる太白山脈を経て智異山（1915m）に続く、朝鮮半島の背骨のような山々を指す言葉です。

　산넘어 산という表現をインターネットなどで検索してみれば、事業を始めた人、子育てに苦労する人、EU経済危機の行方や「人生万事山また山」などなど、様々に使われているようです。山や海での戦争を数多く経験した歴戦のつわものに例えて、人生経験の豊かなことを **산전수전 다 겪었다**（山戦、水戦を皆経験した ☞海千山千）と言いますが、酸いも甘いも知り尽くした人生のベテランの言葉には耳を傾けたいものです。

　また **산넘어 강건너 (바다건너)** という表現は「山を越え、河を越え」ということで、はるか遠いところに行くときに使われます。山といえば、首都ソウルも実は数多くの山に囲まれた盆地だそうです。市内中心部から見えるのは南山（262m）だけのように思ったら、北に道峰山（740m）、国立公園になっている北漢山（837m）、大統領官邸の後ろにそびえる仁王山（338m）、東に水落山（638m）、南に冠岳山（632m）と、周辺の都市にまたがるものまで含めれば、全部で26もあるとか。旅行の折、

一度高いところからソウルの街並みを眺めて、산넘어 산を実感してみてはいかがでしょうか。

㊸ 하늘이 무너져도 솟아날 구멍이 있다
諺 天が崩れても這い出す穴はある

　하늘を日本語で「空」と言えば、目に見える空間のことですが、「天」と言うときには宗教的な内容を指しているようなニュアンスが感じられます。世界の多くの民族がそこに造物主の世界があり、やがて人間の霊魂の向かうところでもあるという想像から、はるか昔から尊ばれてきたものでもあります。하늘に尊称님をつけた하느님は特定の宗教に限らずしばしば使われる言葉ですが、韓国語版聖書をひもとくと하나님とあって、これは唯一の存在という意味で呼ばれるキリスト教の用語であることがわかります（하느님ということもありますが）。その崇高なものが崩れるというのは、想像することさえ恐ろしい、決してあってはならないことです。そこで、これまで固く信じていたことが偽りであることがわかったり、最愛の肉親が亡くなったり、事業に失敗したりして絶望に陥ることを하늘이 무너지다（天が崩れる）という言葉で表わすわけですが、それでも、たとえ天が崩れるような絶望的な事態になったとしても、そこから抜け出す小さな穴は残されているのだから、決して希望を捨ててはいけないというのが、このことわざの言わんとすることです。하늘の出てくることわざには次のようなものがあります。

　　하늘의 별 따기（空の星取り ☞ 不可能と思えるほど難しいこと）
　　하늘 보고 침 뱉기（天に向かって唾を吐く ☞ 自業自得）
　　마른 하늘에 날벼락（晴れた空に雷 ☞ 青天の霹靂）
　慣用語には하늘 높은 줄 모르다（天が高いことを知らない ☞ 自分の分をわきまえない、物価が高騰することなど）や하늘과 땅 차이（天と地の差）など、これも挙げればきりがありませんが、남자는 하늘

여자는 땅（男は天、女は地）という言葉ほど評判の悪いものはありません。男尊女卑の極めつけということでしょうか。でも考えてみれば、ただ空っぽでしかない「空」に比べ、あらゆる生命を育む「地」の方がはるかに尊い存在だと解釈すれば、必ずしも不適切とは言えないのかもしれません。

コラム 千字文に注目！

　『千字文』は６世紀頃に中国で漢字のテキストとして作られたと言われています。やがて朝鮮、日本などの漢字文化圏にも伝えられましたが、日本では古事記にもその存在が記されていると言われ、奈良時代になると『論語』などと共に、本格的に漢字の手本として使われるようになりました。内容は「天地玄黄」などの四文字言葉を羅列したもので、自然や社会、倫理など万物を表わしながら、その中に同じ漢字は一つも含まれないといいますから、「いろはにほへと」のような発想です。

　ところで、この古めかしい漢字の本は、ハングルで表わされる漢字の意味と音を同時に覚えられるというメリットがあります。たとえば、最初に出てくる漢字は「天」ですが、これを하늘－천と言います。実は천と読む漢字は千、川、泉などなど全部で150もあるそうで、その中で、「空の意味を持つ천」と言うことで区別することができるわけです。

　特に地名や人名をハングルで書いたときに、いったい漢字ではどういう文字かを説明するときに活用されます。たとえば광주が京畿道なのか、全羅道なのかを知るには**빛 광자**（光の光の字）あるいは**넓을 광자**（広い光の字）と言えばすぐにわかるというように。

　千字文に出てくる漢字には、現在はほとんど使われないものもありますが、声に出して読んでみると一定のリズムがあるの

で、覚えやすいようです。**하늘 천**(空の천)、**땅 지**(地の지)、**검을 현**(黒の현)、**누를 황**(黄色の황)…。昔々の書堂の学生が勉強している姿が思い浮かんできますが、**하늘 천 하면 검을 현 하다**(空の天と言えば、黒い玄という ☞ 相手の先を読んで行動する)と言いますから、漢字征服は 한글공부の一歩先を行く、近道だと思いませんか？

㊹ 물 건너간 일

ムル コンノガン イル

水の向こうに行ってしまったこと
▶手遅れになってしまったこと

ここで言う 물 とは、ただの水ではなく、川や海を指すものと思われます。交通の便が発達していなかった頃は、川の向こうに行ってしまえば、もう追いつけない、手が出せなくて諦めてしまうということになったのでしょう。川といっても韓国では 강〈江〉という言葉で表わすように川幅が広いので、川辺に立てばこの言葉を実感できると思います。ソウル市内を流れる漢江などは、水源地である江原道の太白市からの距離は 500km 近くありますし、平均川幅は 1km くらいになりますから、橋がなければ簡単には追いつけません。そこから、今さらどうにもならなくなってしまったこと、実現可能性がなくなってしまったことなどを指すようになりました。

한일 해저 터널 계획은 경제환경의 큰 변화로 이미 **물 건너간 일**이 되고 말았다
(日韓海底トンネル計画は、経済環境の変化によってもはや実現不能な事業になってしまった)

水と関連した表現もたくさんあります。**칼로 물 베기**（刀で水を切

ること）は「ぬかに釘」のように、やっても手ごたえのないもの、むだなことを指しますが、**부부싸움**(夫婦喧嘩)**은 칼로 물 베기**となれば、「犬も食わない」ということでしょうか。**물밑 작업**（水の下の作業）は「水面下の接触」のようなことで、政治・経済に関する話題でよく目にする言葉です。**물불 가리지 않고**（火も水も区別せず）は、「たとえ火の中、水の中」。水の中に住む化け物を**물귀신**〈—鬼神〉と言いますが、日本の河童のように近づいた人間を水の中に引きずりこむ、恐ろしい妖怪です。そこで**물귀신작전**〈—作戦〉とは、他の人を引き合いに出して、自分だけ助かろうとするやり方を非難する言葉。

　엄마 : 컴퓨터 하루에 한 시간만이라고 했지!
　　　　（パソコン一日1時間だけだと言ったでしょ！）
　아이 : 어젠 누나 3시간이나 했잖아요.
　　　　（昨日は姉さん、3時間もしたじゃない）
　엄마 : 얘가, 어디서 **물귀신작전**을 써?
　　　　（この子ったら人のこと言うんじゃないの！）

　ちなみに、日本語の「水に流す」は**없던 걸로 하다**（☞なかったことにする）、「水くさい」は**새삼스레**（☞今さらだ）のように、物とは関係ない表現になります。

㊺ 벼락치기
にわか仕事

　日本では昔から、怖いものとして「地震、雷、火事、おやじ」を挙げました。地震や火事が恐ろしいのは相変わらずですが、実は人間がいちばん怖いという人もいます。では、お隣の国ではどうでしょうか。自然現象としては、地震はあまり起きないようですし、台風もあまり通りません。木造家屋が密集する日本とは住宅環境が違っているから、火事の

怖さは日本ほどのものではないかもしれません。

　では雷は？ 天気予報で雷のことを言うときは、**천둥 번개**と表現しますが、正確には 천둥 が雷鳴、번개 が雷光です。ただし気象用語としては上空の雲の中で発生する放電で起きるのを 번개、地面に到達するものは 벼락 として区別しているようです。どれも落ちることを 치다 で表わすのは共通しています。日本語の「雷」と同様に、とてもスピードが速いことや、ひどく叱られることを言うこともあります。**벼락치기**は充分に時間をかけられずに、短期間でやってしまうことを指していますが、「試験勉強の一夜漬け」や「駆けこみ審議」のように、あまり感心できる方法とはいえません。

　벼락치기 다이어트는 실패할 확률이 높다.
　（速成ダイエットは失敗する確率が高い）
　２박３일 **벼락치기**로 다녀온 여행이라 사진 찍기에 바빴다.
　（２泊３日の駆け足旅行だったので写真を撮るのに忙しかった）

　雷に打たれるのは **벼락을 맞다** ですが、**날벼락을 맞다**（晴天に雷に遭う）は思いもかけない不幸や災難に遭うことを、**돈벼락을 맞다** は突然大金を手にすることを言うそうです。その結果、一夜にして金持ちになれば **벼락부자**（にわか金持ち ☞成金）になれるということで、こうして見ると雷もケースバイケース。

　一方韓国では日本よりおっかない、父親の権威がまだまだ生きているようです。あるブログによると、30代初めくらいの人が「（父親とは）学生の頃は目を合わせるのも恐ろしかったが、最近ようやくゴルフを一緒に楽しむようになって親しげに会話ができるようになった」などと言っていますし、その文に対する書き込みでは、同世代と思われる女性が「ゴルフを一緒に楽しんでも、お父さんに勝ってはだめですよ」なんて忠告しているくらいですから。それにしても「怖いものベスト～」が発表されたことはなさそうで、今や韓国は「怖いものなし」なのでしょうか。

㊻ 바람이 불다
  パラミ　ブルダ

風が吹く
▶ブームになる

　風の名前にもいろいろあります。春先に東から吹く風は **샛바람**、初夏に南から吹いてくる暖かい風は **마파람**（激音に注意！）、秋は西から **하늬바람** が吹き、冬は冷たい **뒤바람** がやってきます。それでも日々風の向きは変わるので、**내일은 또 내일의 바람이 분다**（明日は明日の風が吹く）と楽天的に考えようとするのは、どの国でも同じことかもしれません。

　한류 바람이 불다（韓流ブームになる）、**복고 바람이 일어나다**（レトロブームが起きる）のように、바람 は勢い、流れ、流行などを意味することがあります。政治の世界でも、新商品のヒットなどの現象でも話題になったものは、よく風に例えられますが、風は永遠に吹き続けるものではないので、やはり一過性のブームという印象が強いようです。

　また、風は目に見えず、いつどこからやってきたのかもわからないということで、人生を語るときに使われたりもします。**바람처럼 왔다가 이슬처럼 사라지다**（風のようにやってきて、露のように消える）は華厳経の一節のようでもあり、歌謡曲の歌詞のようでもあり…。人生である「風」は自由を感じさせると同時に、どうにもつかみどころのない虚しさも漂わせています。

　「外の空気に当たる」と言えば日本語でも気分転換を意味するように、**바람을 쐬다** という表現があります。

　　가 : 어디 가세요?
　　　　（お出かけですか？）
　　나 : 잠깐 **바람 쐬러** 근처 공원에 갔다 오려고요.
　　　　（ちょっと気晴らしに近所の公園に行って来ようと思って）

　高揚した雰囲気に便乗するのは **바람을 타다**、雰囲気を盛り上げることを **바람을 잡다** と言いますが、바람잡이は物売りの説明に同調するそぶりを見せて、客を買う気にさせるという「さくら」のことですね。

바람 맞다は「長い間待たされてずっと風に吹かれていた」ということでしょうか、約束をすっぽかされるという意味です。そしてもっと困った бараは **바람을 피우다**（浮気する）で、**바람둥이**と言えば女たらし、あるいは浮気者のことになります。

㊼ 먹구름이 깔리다
暗雲がたちこめる

먹は墨なので、墨雲ということになります。日本語と同じで不吉な予兆を表わす言葉です。黒い雲が現れるとまもなく、大粒の雨が降り注いでくるのは誰もが知っていますから、良からぬことが起きそうだと感じるのでしょう。科学的に見ても、黒い雲は白い雲に比べて含まれる水や氷の粒が百倍も大きい上に、地表から近い低空にあるために、すぐにでも雨粒となって落ちてくるようになりますし、色が黒く見えるのは光が通過しにくいからだそうです。

また心の中で一人悪い予感がするとき、日本語で「胸騒ぎがする」といいますが、韓国語では **불길한 예감이 들다**（不吉な予感がする）または **예감이 좋지 않다**（予感が良くない）という表現になります。「夢見が悪い」と言えば **꿈자리가 사납다**。黒いものを墨に例えるのは墨書、墨画になじんできた日中韓に共通する文化の一つです。墨汁を먹물と言いますが、僧侶は **먹물 옷** を着るし、イカスミ・パスタは 오징어 먹물を使った **먹물 파스타** です。

重く垂れこめた黒雲は人の心を不安に駆りたてますが、実はその雲のさらに上にくっきりとした青空が広がっていることは、飛行機に乗ったことのある人なら誰でも知っているでしょう。

　　　　비행기가 **먹구름을 뚫고** 창공에 올라 선다.
　　　　（飛行機が黒雲を突き抜けて蒼空に昇る）
逆に雲の上から太陽の光が暗雲をうがち、しばし温かくまぶしい光を地

上に送ってくれる瞬間には、漠然とした不安が消え去って、思わず微笑みたくなるような経験もあるのではないでしょうか。

　태양이 **먹구름을 뚫고** 눈부신 햇살을 보내 온다.
　（太陽が暗雲をうがってまぶしい陽射しを送ってくる）
これこそ至福のひと時です。

コラム　天気予報の話

　「朝焼けは雨、夕焼けは晴れ」とか、「年寄りの膝や足が痛むと雨」など、天気に関する言い伝えはたくさんあります。日韓共通のものも多いようですが、**종달새가 울면 비가 온다**（ひばりが鳴けば雨）、**물고기가 물 위에 입을 내놓고 호흡하면 비가 온다**（魚が水の上で口を開けて息をすれば雨）、**먼 산이 뚜렷이 보이면 비가 온다**（遠くの山がくっきり見えれば雨）、**거미가 집을 지으면 비가 그친다**（クモが巣をかければ雨がやむ）というのはどうでしょう。

　장마는 나이 많은 아내 잔소리와 같다 ☞ 梅雨とかけて、年取った妻の愚痴と解く、その心は、だらだらと長い…座布団一枚！

　かつて韓国の天気予報は「気象庁」じゃなくて「誤報庁」だなんて言われたほど信頼されなかったようですが、2010年からはその名も **천리안**〈千里眼〉という気象衛星が打ち上げられ、スパコン３号機の稼働も加わって、今や的中率90％を誇っています。それにしても、テレビの天気予報を見ていると韓国の気象キャスターの女性たちは、まるでファッションモデルのように華麗な衣装を着こなし、女優のような美貌を備えて優雅にお天気を伝えてくれますね。すらりと伸びた脚に見とれているうちに、肝心の天気はどうなっていたか見逃してしまえば、誤報にも寛大になるという戦略かと疑いたくなるほど、地味な日本の天気予報とは大いに違っています。

㊽ 고드름 장아찌
　　　コドゥルム　チャンアチ

つららの漬物
▶どこか物足りない人

　고드름は冬の寒い日に軒下などに垂れさがる氷の棒ですが、これを장아찌にしたらどうなるのでしょうか？ 장아찌とは「キュウリ、大根、ニンニクなどを醤油や塩に漬けたもの、また味噌やコチュジャンに寝かせるもの」なので、つららを漬けても水っぽくてとても食べられたものではありません。この言葉は **싱겁긴**（水っぽいのは）**고드름 장아찌라**というふうに使われて、**싱거운 사람**の例えとして有名です。

　で、この싱겁다ですが、味つけが薄くて物足りないという意味で、これを人間の言葉、行動などに当てはめると「くだらない、的外れだ、しっかりしていない、いい加減だ」ということになります。**그런 싱거운 소리는 그만해라**と言えば「そんなくだらない話はもうやめろ」ということになり、ドラマなどで何か言いかけながら、相手が「何？」と聞くと、「いや、何でもないよ」とごまかしてしまう場面を見ると、**싱거운 사람！**と言いたくなるそうです。他に、**싱겁긴 황새**（コウノトリ）**똥구멍이라**とか、**싱겁긴 늑대**（オオカミ）**불알이라**というのもあって（これらの訳は皆さんにお任せします！）これらが、なぜ싱겁다なのかはちょっと理解に苦しみますが、言葉の組み合わせ方、その発想が何ともユニークなことは間違いありません。

　고드름 초장 같다は見た目ばかり良くて、中身のないこと。초장は三杯酢です。あまりに寒いことを **고드름 똥 싸겠다！**（つららのウンコが出ちゃう）と言いますが、「おしっこが凍る」というより過激ですね。ソウルの冬の寒さにはそんな言葉を口走りたくなりますが、今は地球温暖化のせいかずいぶん暖かくなりました。朝鮮時代には漢江の水が凍ると切り出して保存したそうで、国立中央博物館の近くにある西氷庫という地名はその名残です。氷庫の施設は1894年に廃止されましたが、その後も漢江の水は凍り続け、冬になるとノコギリで切り出しては 소달

구지と呼ばれた牛車に積んでソウル市民に販売するようになったとか。以来、**채빙**〈採氷〉という天然氷の採取作業は冬の風物詩ともなりましたが、それほど寒かったし、河の水もきれいだったんですね。さすがに1960年代にはそんな姿も消えてしまいましたが、筆者が留学していた80年代の終わり頃までは、凍りついた漢江でスケートをする人をよく見かけたものです。今や氷はすっかり薄くなり、スケートなんてとても、とても…でも、最近は氷のようにクールで気品のある女性を**얼음공주**（氷姫）と呼んで、彼女たちは今もソウルの街を闊歩しているようですよ。

㊾ 더위를 먹다(타다) / 추위를 타다
トウィルル　モッタ　タダ　　チュウィルル　タダ

夏バテする / 寒さに弱い

「暑さを食らう」「寒さに乗っかる」という感じ。**먹다**や**타다**は感覚的な表現で、日本語でも「懲罰を食らう」というような言い方に通ずるものがあります。最近の気候は日韓であまり差がなくなってしまいましたが、マイナス20度を記録することもある冬の寒さは格別です。

暑さ、寒さに関連した言葉を調べてみると、더위を表わす表現は多様で、**가마솥 더위**（釜を焚くときのような暑さ）、**불볕 더위**（陽射しが炎のように熱い）、**찜통 더위**（蒸し器の中にいるような暑さ）、**무더위**（湿気が多く蒸し暑い）、**늦더위**（残暑）などの言葉が、夏の盛りの頃にはインターネットや新聞を賑わせるようになります。**폭염주의보**〈暴炎注意報〉などと言われると、どれほど暑くなるのか冷や汗がたらり。一方、추위の方も**서리 추위**（霜が降りる頃の寒さ）、**장대 추위**（장대は竿のように長い棒 ☞ 長く続く寒さ）、**꽃샘추위**（꽃샘とは花を嫉妬すること ☞ 花冷え）、**늦추위**（冬も終わろうとする頃の寒さ）などがありますが、**손돌이추위**という言葉には言い伝えがありまして、高麗時代に王を乗せた船が、風波を避けるために避難したところ、王に

危害を加えるための企みがあると濡れ衣を着せられた船頭 손돌〈孫乭〉が処刑されるという事件があったそうです。以来、そのことがあった陰暦10月20日頃に猛烈な寒さが襲ってくるようになり、殺された船頭の名前を取って「손돌이の寒さ」と言うようになったとか。恨みのこもった寒さというわけです。

　「ひどい目に遭う」という意味合いの 먹다の例としては、**애를 먹다**（手こずる）、**욕 먹다**（悪口を言われる）、**겁을 먹다**（怖じ気づく）、**충격을 먹다**（ショックを受ける）などがあります。話は変わりますが、かくも厳しい暑さから夏バテを防ぐためには더위ではなく**보신탕**（삼계탕?）を食す（これも먹다）ことをお勧めします。暑さを上手に過ごした古人の知恵はばかにできません。　一方、타다の方は、**부끄럼(수줍음)을 타다**（恥ずかしがりだ）、**무서움을 타다**（怖がりだ）、など「敏感に感じる」というニュアンスで、**가을을 타다**と言えば、秋の感傷的な気分に浸って、孤独感にさいなまれるデリケートな人に使う表現なんだそうです。

50 해가 서쪽에서 뜨다

陽が西から昇る
▶炒り豆に花が咲く

　普段あまりしないようなことをすると、冷やかすようにこう言われます。東の海から浮かび上がる日の出に慣れ親しんだ、「朝の鮮やかな国」の人々にとっては、陽が西から昇るなんて信じられないことですから！日本では「雪が降る」と言うんでしょうか。雪国の人にとっては珍しくも何ともないことと言われそうです。英語では「ブタが空を飛ぶ」でしたか…。朝鮮半島の位置を地図で確かめてみると、西側には中国がありますが、最近は世界の政治、経済、軍事に決定的に大きな影響を及ぼすこの大国の動きに、小さな海を隔てて隣接する国としては敏感にならざ

るを得ないかもしれません。**西쪽에서 뜨는 해**とは、こうした国際情勢に思いをいたすような表現なのかと、思わず深読みをしたくもなります。

　それはさておき、해（日）と言えば 달（月）。この二つの組み合わせは **해가 뜨면 달이 지고, 달이 뜨면 해가 지고**（陽が昇れば月が沈み、月が昇れば陽が沈む）という永遠の連鎖でつながっています。景福宮の勤政殿などの玉座の後ろには **오봉일월도**〈五峰日月図〉と呼ばれる屏風絵がかけられていますが、太陽と月、そして中国にあると言われた崑崙山を配置して、永遠の王権を象徴するものだそうです。ここでは、太陽は王を、月は王妃を表わすのだとも。世界の多くの国で太陽は男性を、月は女性を表わすシンボルと言われますが、これに反旗を翻したのが明治に生きた平塚雷鳥さんだったわけで、「元始、女性は太陽であった」という有名な言葉があります。

　韓国の昔話、『**햇님과 달님**（お日さまとお月さま）』では、トラに母親を食べられてしまった兄と妹が、トラの襲撃を逃れて天に昇り、初め兄が太陽に、妹が月になったけれど、妹が夜を怖がったので結局、妹が太陽、兄が月になるというどんでん返しがあって、何とも愉快です。昔の人たちの想像力は天を駆け巡るように自由自在だったのでしょう。

　햇빛을 보다 は「陽の目を見る」、**해가 기울어지다** は「勢いが衰える」という意味で、日本語と似ています。「陽が昇る」は普通 해가 뜨다 と言いますが、「日の出」にあたるのは 돋다 という言葉を使って **해돋이**（일출 ともいう）と言っています。新年の 해돋이 구경 のため、元日の早朝に東海岸沿いに車や人がずらりと並んで、ご来光を仰ぐ風景は日本と変わりません。

ああ、わが運命よ
数字編

日本では「七五三」という行事にも見られるように、奇数に特別な意味をこめたり、四＝死、九＝苦のように音の一致から、不吉な数字にしたりすることがあります。では、韓国では数字が含まれる表現にはどんなものがあり、それぞれどんな意味を持っているのでしょうか。**홀수**（奇数）、**짝수**（偶数）の好みで言えば、奇数を好む傾向は共通していて、たとえば結婚式のお祝い金は、３万ウォンや５万ウォンが多いと言いますし、ビールを注文するときは１本、３本、５本と頼むものなんだそうです。

　また現代史を振り返ってみると、歴史的に重要な事件があった日の日付によって、その事件を表わす例をよく見ます。日本からの独立、解放の日は８・15（**팔일오**）で、朝鮮戦争は６・25（**육이오**）ですね。1972 年の南北共同声明は「７・４共同声明」と言われ、大統領直選制を認めた 1987 年の「６・29 宣言」というのもありました。数字そのものだけでなく、その使われ方にも独特のものがあると言えるかもしれません。ここでは、数字を含む様々な表現を集めて、そこに表わされたイメージを探ってみたいと思います。

51 하나만 알고 둘은 모른다
_{ハナマン アルゴ トゥルン モルンダ}

諺 一つだけ知っていて二つは知らない
▶一を知りて二を知らず

　日本語の「はなから（最初から）」の「はな」が **하나**だという説があります。他にも「チャリンコ」は **자전거**だとか、「パッチ」は **바지**だとか、「さむらい」は **싸울 아비**（☞戦う男）だなんていう話もあって、語源説は確かな根拠がどれほどあるのかわかりませんが、おもしろ半分に「ああ、そうかも」と思えばそれはそれで楽しいのかもしれません。間違いなくこうだ、いや、そんなことはあり得ないと言いきってしまうのは、表題のように、物事を一面的にしか見られない、柔軟に考えられず融通がきかないということになります。これは荘子の言葉だと言われますが、荘子の言葉では **우물 안 개구리는 대해를 모른다**（井の中の蛙大海を知らず）も有名ですね。

　数字の一は最小の数ですから、最低限のことになります。逆にたった一つだけ見て、他の多くのことがわかってしまったら、**하나를 보고 열을 안다**（**諺** 一を聞いて十を知る）と言って感心することになりますし、相手の意図を正確につかんで、先回りして行動することを **하나 하면 둘 한다**（**諺** 一つを言えば二つをする）ということもあります。別々のものが合体して一つになるとき、**하나가 되다** と言いますが、本来同じである民族が二つに分かれてしまった南北の関係でも **우리 함께 하나가 되자！** という声が叫ばれています。2012年の映画『ハナ―奇跡の46日間』では、1991年の卓球南北統一チームの活躍が描かれて感動を巻き起こしました。でも残念ながら、その後オリンピックで2回、開会式の共同入場進行はありましたが、単一チームはなかなかできないで現在に至っています。

　하나도～ という表現は、後に否定的な言葉が来て「ひとつも～」という強調表現。**하나도 모르다**（何も知らない）、**하나도 안 싸다**（少しも安くない）、**한 푼도 없다**（1銭もない）などの例があります。「対

になったものの片方」という意味合いでは、**한 눈 팔다**（片目を売る ☞よそ見する）、**한 귀로 흘리다**（片方の耳で聞く ☞ いい加減に聞いて無視する）などがあり、「一つに限定する」というニュアンスでは **한 우물(만) 파다**（一つの井戸だけ掘る ☞ ひとすじの道を行く）、**한 배를 타다**（一つの船に乗る ☞ 運命を共にする）等。하나を使う言い方は、**한 두개가 아니네요**（一つ二つではありませんね）。

52 작심삼일
〈作心三日〉 三日坊主

　작심は文字通り心を作る、決心することですが、せっかくの決意も３日しか続かなければ、いくら **시작이 반이다**（諺 始めが半分 ☞ スタートさえすれば半分終わったようなものだ）と言っても、何にもなりません。数字の三は、陽の数字「一」と陰の数字「二」が合わさった完ぺきな数とも言われ、昔から生活の中でよく用いられてきたことは、日本でも「三度目の正直」「三人寄れば文殊の知恵」などと言うように、よく似た現象です。

　生まれた子どもが男の子なら、かつては家の前に炭と唐辛子を３個ずつ吊るしたそうで、産後の養生期間も **삼칠일** と言って、３×７＝21日と決まっていました。じゃんけんや花札などのゲームや賭け事は **삼세판**（３回勝負）が基本。葬式が３日間に渡って行われるのは、死者の魂があの世に行ってから、何かの事情でこの世に戻ることがあったら３日が必要だからとか。考えてみれば、ハングルの文字の原理も子音は天、地、人の３つの要素が基本だし、文字の構造は初声、中声、終声の３部分からできています。

　「三日天下」と言えば、日本では戦国時代の明智光秀について言われますが、朝鮮では19世紀終わり頃、欧米列強や中国（清）、日本などの角逐が繰り広げられた激動の時代に、当時「開化派」と呼ばれた金玉

均らが親中国勢力を追い払って、日本に依拠して近代化を進めようとした「甲申政変」というできごとがありました。一時、政権を握って新政府を樹立したものの、わずか3日で清の介入を招いて政変が挫折し金玉均らは亡命を余儀なくされましたが、これが**삼일천하**〈三日天下〉と呼ばれています。

53 사＝4は不吉な数字？

　日本語の発音でも「四」は「死」と同じということで歓迎されないことがありますが、韓国語もやはり사で共通しています。そこからホテルやマンションの部屋番号、ロッカー番号、ビルの階数などに4を使わないことがあるそうです。エレベーターの階数ボタンをF（four）にしてあったりで、なかなか徹底してます。

　ただし日本語と違って、「九（**구**）」と「苦（**고**）」は発音が違うので苦しみというイメージで嫌われることはありません。それでも、9は数字の最後ということで、29歳、39歳、49歳などの年齢は厄年のように思われているようです。これを**아홉수**といいますが、四柱推命の考え方から導き出されるので、人によって9のつく年齢は違うのだとか。どうも、今一つよくわかりませんが…。

　発音から意味を読み取るのは一種の数字の語呂合わせですが、電話番号などでこれが活用されることがあります。2424（이사이사 引っ越し引っ越し ☞ 引っ越しセンター）は有名ですが、他に4989（사구팔구 買ったり売ったり ☞ リサイクルショップ）、5151（오일오일 オイルオイル ☞ ガソリンスタンド）、9292（구이구이 焼き焼き ☞ 焼き肉店）などがあるそうです。電話番号ではありませんが、若者の隠語として7942（친구사이 ☞ 友人の間柄）や5842（오빠사이 ☞ オッパと言える仲）なんていう数字もあります。昔はポケベルでこんな数字遊びをしましたっけ。

　もっとも4という数字を全く使わないことはありません。特に重要な

数字としてよく目にするのは**사주**（四柱推命）という言葉です。これは生まれた年、月、日、時間を干支に直して吉凶を占うもので、進路、恋愛、結婚、就職などなど…人生相談をするカウンセリングのような感覚で見てもらう人が多いようです。以前は雑居ビルの中にひっそりたたずむ、「哲学館」といった名前の所でしたが、1990年代初め頃から**사주카페**（占いカフェ）が流行り出して、明るくおしゃれな雰囲気の店で気軽に占ってもらえるようになりました。見料も5000ウォンくらいからと手ごろで、今も若い人に大人気だそうです。

コラム　生活の中の占い

　結婚前に相性を占う四柱推命については前に触れましたが、それ以外にも韓国の人たちの生活の中で、占いを見る機会は多いようです。結婚が決まれば結婚式の日取りを選ぶ**택일**〈択日〉、生まれた子どもに名前をつける**작명**〈作名〉、家の立地や墓の場所を考えるときに**풍수**〈風水〉を利用するのも一種の占いのようなものでしょう。受験、就職、昇進、選挙などの人生の大事を迎えたとき、つい近い未来の自分の姿を占ってみたくなるのは人の常かもしれません。

　80年代には出産を間近にした産婦が、四柱推命の託宣で子どもが幸せになる生年月日と時刻を決め、そのタイミングで出産できるよう、帝王切開までするのが流行したということもありましたが、今はコンピューター占い、電話四柱推命などで遊び心から占う人が増えています。自分の未来など知らない方がいいと思えば、**모르는 게 약이다**（知らないのが薬）といって無視するのも一つの生き方。

　사람은 인생을 속아서 산다（人は人生をだまされて暮らす）という題名で占いにまつわるおもしろい話が伝わっています。朝鮮時代、何度科挙を受けても落ちてばかりいる人がいて、思いあまって占い師に相談しました。すると「あなたはやがて

王になる人だから、科挙などには合格しないことになっていますよ。そんなことで落ちこまずに、王になる日を待っていなさい」と言われたそうです。それを真に受けたその人は、自分が王になれる日ばかりを指折り数えて待っていましたが、ついに王になれないまま臨終のときを迎えました。目を閉じようとするとき、彼が言った言葉。「朕は昇華（王が死ぬこと）するから、早く皇太子を呼びなさい！」果たして占い師の言葉は信じた方が幸せになれるのか、ちょっと考えさせられる話です。

54 오장이 뒤집히다

五臓がひっくり返る
▶はらわたが煮えくりかえる

　오장〈五臓〉とは **심장**〈心臓〉、**폐장**〈肺臓〉、**간장**〈肝臓〉、**신장**〈腎臓〉、**비장**〈脾臓〉のことで、東洋医学の世界では木、火、土、金、水の五行と関連させて、体内で重要な機能を担っている内臓と言われます。また、五臓と組み合わせて使われる **육부**〈六腑〉は、小腸、大腸、胃などの六つの器官を指して、**오장육부를 토해 내는 소리**（はらわたを絞り出すような声）、**고통이 오장육부를 찌르다**（苦痛が五臓六腑を突き刺す）のように、かなり激しい表現として使われています。表題の言葉のように、それらがすべてひっくり返ってしまうとは、よほど激しい怒りなのでしょう。

　ところで怒りを表わす表現にもいろいろあります。**치를 떨다**（歯を震わせる）、**피가 거꾸로 솟다**（血が逆流する）、**주먹을 불끈 쥐다**（こぶしをぎゅっと握る）や、俗っぽい言い方では **약이 오르다、열을 받다** などがよく知られた言い方でしょうか。そんなに皆怒りやすいのか

と思えば、もちろん個人差があって性格も人によりけりですが、怒りやすいがすぐに忘れて後に残さないという人が多いような気がします。오장を使った表現には **오장이 바뀌다**（心変わりする）、**오장이 찢어지다**（ひどい精神的苦痛を受ける）などもあります。

55 오감と제육감
五感と第六感

　오감〈五感〉は言うまでもなく視覚、聴覚、嗅覚、味覚、触覚の五つの感覚です。普通はこれらを働かせて物事を知るわけですが、五感を越えた６番目の感覚があると言われます。**직감**〈直感〉とも言いますが、日本語でよく似た言葉に「勘」があります。「勘に頼る」と言えば合理的な根拠はないけれど、長年の経験などから判断をして行動することで**직감에 의지하다**（直感に頼る）、「勘が当たった」は「予想」に近いことなので**짐작이 맞았다**（推測が当たった）、「勘が良い」「勘が鈍い（気がきかない）」は人間を見て気持ちを推し量るという意味でそれぞれ、**눈치가 빠르다、눈치가 없다**などと言います。さらに「見当がつく」「ピンとくる」という意味では**감을 잡다**（感をつかむ）などと言うこともありますが、ここでも「感」という言葉が出てきます。

　ところでこの**육감**（第六感）という感覚は、特に女性に発達しているという意見があります。人生相談コーナーでおなじみの「夫の浮気相談」では、確かな証拠を押さえたわけではないけれど、いくつかの兆候を挙げるがらこれは怪しいと訴える女性に、**여자의 육감은 정확하다**（女の第六感は正確だ）などと同意する回答を見かけます。別に男性の**외도**〈外道 ☞ 浮気〉に限るものではありませんが、日常生活のささいなできごとからビジネスの現場まで、『**여자는 직감으로 승부한다**（女は直感で勝負する）』という本も出ているほど、第六感は男女ともに認める女性の資質なのかもしれません。

56 칠월 칠석
チルウォル チルソッ

七月 七夕

　七夕は1年の間、離れ離れになっていた二人が、天の川をはさんで再会するという、夏の夜空に繰り広げられるファンタジー・ロマンス。中国から伝えられた伝説は韓国でも日本でも、真夏の夜にひと時の清涼感をもたらしてくれるおなじみのお話です。中国も韓国も陰暦の7月7日ということで、8月の後半になることが多いようですが、日本はお盆と重なる場合もあるので、陽暦で迎えるのが普通です。短冊に願いを書いて笹に吊すという家庭行事は日本独特のようで、韓国では地方都市や民俗村などで七夕伝説にちなんだ行事が開催されます。バレンタインデーやホワイトデーに対して民族固有の**연인의 날**（恋人たちの日）として見直そうということから、牽牛織女の衣装を着て記念写真を撮ったり、「最高のカップル」選抜大会をしたりするそうです。

　昔は小麦粉を使った食品である**밀전병**（小麦煎餅）や**밀국수**をこの日に食べたといいますが、今はズッキーニがよく出回る時期ということで**호박부침**（ズッキーニのチヂミ）が季節の料理として好まれています。皿に置いて見ると残暑の時期にふさわしく、淡い緑の彩りが涼しげに見えます。天の川にずらりと並んで橋を架け、二人の逢瀬を叶えてあげるのが、까치（カササギ）と 까마귀 ですが、**까마귀도 칠월 칠석은 안 잊어버린다**（カラスも七夕の日は忘れない）と言えば、大事な日程などを忘れてはいけないと戒めるときに使われることわざです。

　七夕の日の出会いを描いた映画『チルソクの夏（2003年 日本）』はプサンと下関の高校生の男女が、親善陸上大会で出会ったことがきっかけで恋に落ちます。二人はそれぞれの事情から離れ離れになってしまうけれど、25年後に大人になって再会するというさわやかな青春の物語でした。劇中、1970年代のフォークやポップスが郷愁を誘いますが、映画の最後にテロップが上がるとき、歌手のイルカが『なごり雪』を韓国語で歌っていたのが印象的でした。

57 아이고, 내 팔자야!
ああ、わが運命よ！

　天を見上げてため息をつきながら、感情が激してきたときは胸や地面をこぶしで叩きながら、思わずこんな言葉が口をついて出てくるのを、ドラマや映画でも時々見かけるのではないでしょうか。四柱推命の四柱は生まれた年月日と時間でしたが、それに干支を当てはめると甲子とか壬辰など、それぞれ2文字ずつになるので、合計八文字がその人の生涯に関わってくるキーワードなんだそうです。**팔자**〈八字〉は生まれついてのものですから、裕福な家に生まれるとか、背が低いとか、配偶者に先立たれる、ロトに当たるなど自分の力ではコントロールできないことをいうわけですね。成績が悪いとか、恋人に振られたとかは決して팔자のせいにしてはなりません！

　昔は特に女性が嫁いでから、家族が不運に見舞われたり夫に問題が生じたりする場合に、**팔자가 세다**（運命がきつい）という言い方をしたようです。「きつい」という表現で幸薄いことを表わしたわけですが、再婚したり、貧しさから抜け出したり、出世したりすれば、**팔자를 고치다**（運命を改める）と言って運気が良い方向に向かう場合もありました。その結果 **팔자가 늘어지다**（運命が伸びる ☞ 心配事がなくなって平穏に暮らす）ということになります。

　その昔世界征服を夢見たアレキサンダー大王が、遠征のさ中に自身の野望が叶うかどうか占い師に手相を見せたところ、手のひらに刻まれた線を指して、この線があと1センチ長ければ叶うと告げたそうです。それを聞いたアレキサンダーは即座に刀を抜き、自分の手に刃を当てて傷をつけ線を長くしてみせました。占い師は運命はそのままだが、王の気概がその運命を変えて必ず制覇に成功するだろうと言ったという話があります。韓国では、植民地時代に独立運動を率いて上海に臨時政府を建てた 김구〈金九〉の話として、彼が若いときに観相学を学んだが、自分の顔が乞食の相でしかないことに絶望して自殺まで考えていたとき、

本の最後の部分に「観相不如心相（観相は心のありように勝るものではない）」という一節があるのを見て思いとどまったという逸話が有名です。つまり「運命も心の持ちようで変わる」という、至極当たり前なことに気づいたということでしょう。

팔자は他にも生活に密着した表現によく登場します。

잠깐 집을 비웠을 뿐인데 **걱정도 팔자다!**
（ちょっと家を空けただけで心配性だな）

팔자에 없는 미인을 만났다.
（思いもよらない美人に出会った）

팔자 좋게 낮잠을 자다.（気持ちよく昼寝する）

これらの 팔자も「運命」の意味が元になった表現といえるでしょう。

58 열 번 찍어 안 넘어가는 나무 없다

諺 十回斧を入れて倒れない木はない
▶一念岩をも通す

木の太さや種類にもよりますが…果たして十回で倒れるかどうか。もちろん単純に十回というのではなく、繰り返し何度もという意味です。ちょっとやっただけで、うまくいかないと簡単に諦めずに、何度でも一生懸命努力して挑戦し続ければ必ず報われるということわざです。「嫌よ嫌よも好きのうち」という日本語は男の身勝手、大いなる錯覚と言うべきですが、表題の言葉は男の専売特許でもなく、男女の恋の駆け引きに限らず仕事に対する姿勢としてもよく使われる言葉です。誠意を尽くして **대시**（ダッシュ ☞ アタック）しても振り向いてもくれないと気を落とさずに、機会を探して何度でも働きかけろと。

ドラマでよく見られるシーンに、夜遅く連絡もなしに（連絡すると断られるのがわかっているので）家の近くにやってきてはひたすら外で待ち続ける。手には花束を持って。そのときちょうど雨がザーザー降って

来て、びしょぬれになりますが、窓から時々気になって見ていた彼女が、たまりかねて傘を持って出てくるというのがあります。果たして彼女はその気持ちに負けてつきあってくれるのでしょうか。まかり間違えるとストーカー扱いを受けるかもしれないのに、懲りることもなく降りしきる雨の中で今日も彼らは待ち続けているのです！ ところで、これに対しては異論もあって、**오르지 못할 나무는 쳐다보지도 말라**（諺 登れない木は見上げてもいけない ☞ 見込みのないことには手を出すな）、また、一応やってみてだめだとわかったら、ためらわずに**물러설 때를 알아야 하다**（引く時を知るべきだ）と。

　십중팔구〈十中八九〉のように漢数字もよく使われますが、열の入ることわざは次のようにいろいろあります。

　　열 손가락 깨물어 안 아픈 손가락 없다.
　　（十本の指を噛んで痛くない指はない ☞ いくら子どもが多くても可愛くない子はいない）
　　입이 열 개라도 할 말이 없다.
　　（口が十個あっても言う言葉がない ☞ 自分の過ちが明らかで弁明の余地がない）
　　열 길 물 속은 알아도 한 길 사람 속은 모른다.
　　（十尋の水の中は目に見えても、一尋しかない心の中はわからない ☞ 人の心ほど推し量れないものはない）

59 우리 아기 백일 잔치
　　ウリ　アギ　ペギル　ジャンチ

うちの赤ちゃん、百日祝い

　子どもが生まれてから百日目のお祝いが**백일 잔치**です。満１歳のお祝いである**돌잔치**とともに子どもの健康と成長を願い、家族、親戚が集まって行う大切な行事の一つです。インターネットで検索して見れば、今は簡単になって、やらないで済ませる家も多いと言いながらも、果物

やお菓子、花に囲まれてちょこんと座っている可愛い赤ちゃんの写真が、たくさんアップされて画面を埋めています。この日は米で作った白い餅菓子である**백설기**などをこしらえて、**백일떡**として近所の人や親戚などに配る習慣もあるそうですが、白い色は子どもが純粋で清らかに育つようにという、願いがこめられているようです。

　でも現実に目を向けると、いわゆる**워킹맘**（working mam ☞ 働くお母さん）は子どもが百日になるかならないかのうちに、どこかに預けて出社しなくてはならないという場合もあります。家族が見てくれる状況にない場合は、**어린이집**と呼ばれる保育施設に預けても仕事を続けるような事情は、日本でも同じですが、**백일 잔치**をしてあげたくてもできない家庭もあることは、家族の絆を何より大切に思う韓国では、本当に辛いと嘆く親の気持ちが想像できるような気がします。

　ところで、百日の間無事に育ってくれたという感謝の気持ちから催されるこのイベントが元になって、最近はいろいろな**백일 이벤트**（百日イベント）があると言われます。남자친구（여자친구）とつきあってから百日目に記念のプレゼントを交換したり、大学受験の関門である 수능（大学修学能力試験）百日前に合格祈願プレゼントをあげたり、軍入隊百日目、ブログ開設百日目…等々。様々な記念日を正確に知るために、今や韓国の携帯電話には百日目がいつか教えてくれる「百日計算機」が必須コンテンツとして備えられているそうで…。

⑥⓪ 천만의 말씀
<small>チョン マ ネ　マルスム</small>

千万のお言葉
▶どういたしまして

　百から一気に千万という巨大な数字になってしまいましたが、多いことを意味することには変わりありません。千回、万回言葉を尽くして言うような過分の言い方だという意味でもあるし、どう考えてもそうは

ならない、不当な言葉だという否定的な意味にも取れます。教科書などでは **감사합니다** とお礼を言われたときに返す言葉として紹介されますが、現実には、**아닙니다** とか **뭘요** と軽く答える場合も多いようです。肯定的な場合と否定的な場合の違いを見てみましょう。

　　가 1 : 멀리서 오시느라고 고생 많이 하셨습니다.
　　　　（遠くから来ていただいて大変でしたね）
　　나 1 : **천만의 말씀**. 제가 오는 게 도리가 아니겠습니까?
　　　　（何をおっしゃいます。私が来るのが道理でしょう）
　　가 2 : 대기업이라 보너스도 많이 받으시겠네요.
　　　　（大企業だからボーナスもたくさん出るんでしょうね）
　　나 2 : **천만의 말씀**. 경기가 안 좋아서 작년보다 50% 줄었어요.
　　　　（とんでもない。景気が悪くて去年より 50% もダウンですよ）

천만 다행입니다 と言うときは、「千万の多幸」という肯定的なニュアンスで「本当に幸いです」になりますが、特に천만にだけを使うときは「全くそうではない」という否定的な意味合いが強く出てくるようです。

　　그 사람 열심히 일한다고? **천만에!** 매일 놀기만 하는데, 뭐.
　　（あいつが一生懸命仕事してるって？ とんでもない！遊んでばかりいるよ、まったく）

他にもユ 주장에 **천번만번** 동의하다（その主張に心から同意する）、**천리만리라도** 쫓아가서 붙잡겠다（どんなに遠いところでも追いかけて捕まえる）のように、千と万を組み合わせて回数が多いとか、距離が遠いことを強調することもあります。

コラム 무한리필（無限リフィル ☞ 食べ放題）

　祝辞などの最後に **무궁한 발전을 기원합니다**（限りない発展をお祈りします）という言葉がよく使われます。**무궁하다**は〈無窮―〉ですから「尽きない」という意味ですね。韓国の国花である**무궁화**（無窮花）も、いつまでも咲き続ける生命力を称える意味から名付けられたと言われます。同じ意味の**무한하다**〈無限―〉からとった**무한리필**（refill おかわり）を掲げる飲食店が増えています。日本では宴会などで飲み放題、食べ放題メニューが必須となっていますが、ソウルにあるレストランでも焼肉、ピザ、中華料理はもちろん、회（刺身）、회전초밥（回転寿司）、조개구이（貝焼き）、장어（うなぎ）、돈까쓰、치킨、떡볶이など수없이（数限りなく）たくさんのメニューが食べ放題となっていますから、一度探訪してみたらいかがでしょうか。

　「限りなく多い」ことを表わす表現には、他に**한도 끝도 없다**や**헤아릴 수 없다**などがあります。**사람의 욕심은 한도 끝도 없다**（人の欲望はきりがない）や**헤아릴 수 없이 외로운 이 마음을 누가 알아줄까?**（限りなく孤独なこの心を誰がわかってくれるだろうか）などがあります。でも、もともと日本に比べて料理の量が多く、キムチやナムルなどの반찬〈飯饌 ☞ 小皿で出てくるおかず〉はどこでもお代わりできますから、好きなだけ食べなさいというのは昔から**인심이 후한 한국사람**（情に厚い韓国人）の変わらぬスタイルなのではないでしょうか。

「お姫様病」には
つける薬もない

歴史編

日本でも「歴女」という言葉で、歴史に造詣が深くマニアックな知識を誇る女性たちを指すことがあります。最近はテレビで韓国の**사극**（時代劇）ドラマが盛んになって、百済、高句麗、新羅の三国時代から、政争渦巻く朝鮮時代にいたるまで、これまであまり知られることのなかった朝鮮史の栄枯盛衰や、歴史上の人物の姿が親しみ深い存在として受け入れられるようになったのは、驚くべきことです。韓国旅行に行っても、歴史の舞台を訪ねるツアーに人気があるし、韓国人も知らないような知識を披露する旅行客の説明に舌を巻くこともよくあるようです。ここでは歴史と関わりのある表現を集めて、言葉を通じて見えてくる「五千年の歴史」に触れてみたいと思います。

61 양반은 죽어도 문자를 쓴다
諺 両班は死んでも漢文を書く

　양반〈両班〉と言えば高麗・朝鮮時代の支配身分を指す言葉ですが、中国の漢文に精通した教養ある人たちでした。官職について政治をしたり、軍人として国防に励むこともありますが、もともとは本を読み、文章を書くのが仕事のようなものです。「死んでも漢文を書き続ける」ほど、両班であることに誇りを持っていて、「武士は食わねど高楊枝」という日本の侍に通じるところもありました。そうして時代が進むと、やがて侍が生活に困って傘張りなどに手を染めざるを得なくなったように、ただ両班だというだけで安穏としていられなくなります。そこで **돈이 양반이라**（お金こそ両班というものだ）なんて言葉も生まれるわけですが、両班の実態を風刺的に描き出した文学作品が伝わっています。

　著者はドラマ『イサン』の時代に有名な儒学者だった **박지원**〈朴趾源〉という人です。江原道のある村に高潔で徳のある両班がいましたが、生活が苦しく、郡の備蓄米から糧食を借りて暮らしていました。新任の地方長官がこれを不正と見なして投獄しようとすると、かねて両班の身分にあこがれていた村の財産家がこの話を聞いて、米千石を返す代わりに身分を売ってくれと申し出ます。両班は喜んで米と引き換えに「両班権」を売り渡しますが、地方長官が身分の売買についてはちゃんとした契約書を作れと言いました。その内容には両班として守らなくてはならない煩瑣な生活様式が細かく書かれています。身分が上がれば良いとばかりと思っていた財産家はびっくりして、もっと良いことを書いてくれと懇願しました。すると地方長官は両班の特権や横暴なふるまいについて次々に書き出すと、まるで自分が泥棒にでもなってしまいそうな内容に怖れをなし逃げ出してしまったというお話…。自身が両班である作者が、その時代にこれほど痛烈な風刺小説を書き表わせるのもすごいと思いますが、いつの時代、どこの国でも上にいる人間というのは同じものだと、不思議に納得させられる話です。

権威が地に落ちた양반という言葉はやがて、**이 양반**、**저 양반**のように、ただの「男性」という意味で使われるようになりますが、時々は**그 사람은 양반이에요**と「君子」のような意味で使われることもあります。**양반다리**と言えば、あぐらみたいですが、実は両膝をぐっと折り曲げて、両足をふくらはぎあたりに乗せる結跏趺坐ですから、まるでヨガでもやるように苦しい姿勢です。やはり양반は生半可なことでは、なれないということでしょうか。また、足の先を外側に向けて「八」の字を描くようにゆったりとした歩き方を**양반걸음**（**팔자걸음**）と言いますが、かつては両班の品格を表わす動作の一つだったのに、今では脊椎後関節に炎症を起こしたり、腰痛を招く元凶として整形外科の患者と見なされてしまうか、コメディに登場するお間抜けなキャラクターのオーバーな身振りとなってしまいました。

62 족보에 없는

族譜にない〜

　「族譜」は同じ祖先を持つ一族の家系図で、族譜に載っていることは、まさに由緒正しい始祖を持つ両班の証しともなります。この始祖となる金氏や朴氏は、次第に枝分かれしながら様々な地域に広がっていきます。安東の金さん、慶州の金さんとなってそれぞれがまた新しい始祖となっていくわけですから、族譜の数も膨大になります。各氏族の構成員は宗親会という組織を作って同じ身内の人々と連絡を取り合いながら族譜を作りあげていくそうです。そこには代を重ねて記される人たちの誕生、死亡に関する記録、官職や科挙試験などの経歴、配偶者の家系などの記述から、墓地の位置に至るまで詳細に書き込むので、家門の歴史であると同時に、韓国社会の数百年の歴史をたどる史書とも言えるでしょう。これらは本の形をしていて数十冊にもなる場合も少なくありません。

　表題の表現は、그 사람에게 야심이란 **족보에 없는** 것이었다（彼

にとって野心とは、およそ縁のないものだった）のように、個人の経歴やこれまでの生き方に照らしてあり得ないものというような意味合いで使われています。連綿と続く一族の歴史に連なる個人史と重ね合わせるような、奥深い言葉といえるのではないでしょうか。

　　지금까지 믿었던 지식이 **족보에 없는** 신지식이 들어오는 것을 막으려고 하는 셈이다.
　　（今まで信じていた知識が全く新しい知識が入ってくるのを防ごうとしているわけだ）

　ここでは、これまで通用していたものと全く違う新しいものであることを「族譜にない」と表現しています。

　始祖と似た言葉に **원조**〈元祖〉があります。**원조 한류 스타**（元祖韓流スター）や **원조 국민 여동생**（元祖国民的妹）といったら、さて誰を思い浮かべるでしょう。街を歩きながらハングル・ウォッチングをしていると、飲食店の看板で目につくのは、「元祖 奨忠洞 족발（豚足）」、「元祖 安東 찜닭（蒸鶏）」のように発祥の地とされる地名がついていること。韓国では同じ料理を看板メニューに掲げる食堂が１か所に集まって、「〜골목（横丁）」として賑わうことが多いようです。老舗である元祖食堂の隣には新しい工夫を凝らした新参の店が並んで、お互いに競い合って客を集めるという良い循環が生まれるという説があります。ところが「元祖」を名乗る看板が同じところにいくつも並んでいたりすると **거짓말 작작해라！**（嘘もいい加減にしろ）と、これは逆効果。**공자 왈**（孔子曰く）、**지나침은 모자람만 못하다**（過ぎたるは及ばざるがごとし）などと言いますから。

63 공주병에는 약도 없다던데
「お姫様病」にはつける薬もないというけれど

　공주〈公主〉とは、王の娘（正室の子）ですから「姫」ということになります。時代劇の好きな方は王宮で繰り広げられる愛憎劇の中で、運命に翻弄される 공주 や 왕세자（王子）たちの物語にはらはらしたり、涙したことはないでしょうか。ところが現代社会で 공주병 という病は大体、次のような症状を示すそうです。
　——人からほめられるのが大好き、自分が重要な人間だと思いこむ、人が自分を悪く言うとひどく落ちこむ、自分の容貌に自信がある、他人を嫉妬することが多く一方で他人が自分を嫉妬していると思いこんでいる、他人の感情や要求にはあまり関心がない、等々。なぜこんな病気にかかるかと言えば、子どもの頃から親に **너무 예뻐 우리 공주야〜** などと言われ続けたことが大脳に刷りこまれた結果だとか…。患者は小学生から70代の할머니まで幅広く分布。男性がかかることもあって「王子病」と言われる。

　現代の 공주 はどうも近づきがたい（近づきたくない？）存在ですが、昔々の話には素敵なお姫様もたくさんいたようです。子どもたちもよく知っている『**바보 온달**（阿呆の温達）』という昔話には、**평강공주**〈平岡公主〉が登場します。高句麗第25代の平原王の娘だった彼女は大変な泣き虫でした。そこで父は娘が泣くたびに、바보 온달にお嫁にやっちゃうぞと言って泣きやませようとしたそうです。やがて16歳になった彼女に、家柄の良い高官の家に嫁ぐ縁談が持ち上がりました。ところがこれを嫌った姫は城を逃げ出して、小さいときから聞かされてきた温達のもとに駆けこんで夫婦になってしまいました。彼女が夫に学問や武芸をよく教えたおかげで、阿呆と呼ばればかにされてきた彼は後に高句麗第一の武将として活躍し、温達将軍と呼ばれるようになったそうです。めでたし、めでたし。他にも **백설 공주**（白雪姫）、**인어 공주**（人魚姫）など夢を与えてくれる物語のヒロインはたくさんいます。

コラム 王族の呼び名

　平岡公主のように三国時代から王族を呼ぶ言葉はありましたが、その後時代の変遷にともなって、呼び方にも変化が見られました。やがて朝鮮時代になると呼称はほぼ統一されます。歴史書に登場する王の名前である「〜宗、〜祖、〜君」などは死後につけられるものですが、在位中には**주상전하**〈主上殿下〉とか、**상감마마**〈上監媽媽〉と呼ばれました。마마はもともと神という意味の尊称ですが、**왕비**〈王妃〉や先王の妃である**대비**〈大妃〉などが王を呼ぶときは**주상**と言うことが多かったといいます。臣下が彼女たちを呼ぶときはそれぞれ、**중전**〈中殿〉**마마、대비마마**となります。皇太子は**세자**〈世子〉**마마**、その妻は**빈궁**〈嬪宮〉**마마**で、王族の子どもが親を呼ぶときは**아바마마**（父）**어마마마**（母）と、宮殿の中はママだらけ！王の正室が産んだ男子は**대군**〈大君〉ですが、側室が産めばただの**군**〈君〉。正室が産んだ娘は**공주**で、側室の娘は**옹주**〈翁主〉…。ああ、時代劇マニアの人たちはこれらをすべて理解しているのでしょうか！

64 장군！ 멍군！

王手！まだまだ！

　장기〈将棋〉と呼ばれる韓国の民俗将棋は、日本の将棋と似ているようで違いもたくさんあります。将棋の駒は正八角形で、王将にあたる駒には「漢」「楚」という文字が書いてありますが、これは中国で秦王朝が滅びた後に登場した、項羽と劉邦の戦いでおなじみの古代国家の名

前です。捕った駒は日本の将棋のようにまた使うことはできませんし、漢や楚は宮と呼ばれる陣地から外に出ることができません。残りの駒を動かしながら敵陣を攻めて、漢や楚を身動きできないように追いつめれば勝ちになりますが、王手をかけるときに **장군**〈将軍〉！と言わなくてはなりません。将軍の見参！という名乗りでしょうか。ところがそれを防ぐ妙手を打って王手を免れるときには、受け手が **멍군**！と応じます。そこからどちらかに優劣をつけがたい互角のやり取りをしているような場面を表わす言い方となりました。

　두 후보는 정책을 놓고 장군멍군을 거듭했다（二人の候補は政策をめぐって押したり引いたりの攻防を繰り返した）というように、政治の世界の駆け引きも将棋に通じるものがあるというわけです。今はタプコル公園と呼ばれる鐘路3街にあるパゴダ公園には、以前はたくさんのお年寄りがベンチに陣取って日がな将棋を指していたものでした。ゆったりとした韓服に身を包んで、のどかにキセルをふかして将棋盤を見つめている姿を見ると、まるでタイムスリップでもしたような気分で、とても都心の小さな公園とは思えない独特の雰囲気が感じられたものです。最近はお年寄りがあまり見えなくなったそうですが、1919年の三一独立運動の聖地でもあるこの公園には全国各地で起きた当時の運動の様子がレリーフとして並んでいて、生きた歴史の学習ができる場としても有名です。

　ところで、将軍と言えば様々な歴史上の英雄が思い浮かぶかもしれません。30万の隋軍を撃破した高句麗の名将 **을지문덕**〈乙支文徳〉、三国統一を成し遂げた新羅の **김유신**〈金庾信〉、13隻の艦船で133隻の日本水軍に壊滅的打撃を与えた朝鮮時代の **이순신**〈李舜臣〉将軍など数え切れないほどですが、言葉遊びの好きな韓国の人たちは、なかなか上達しないゴルファーを、김유신 将軍と新羅・唐連合軍を相手に黄山原の戦闘で激烈な戦いを繰り広げた百済の勇将、階伯将軍をもじって、**계속해서 공을 백개 쳐도 실력 향상이 없는 골퍼**（ボールを百個打ち続けても実力が向上しないゴルファー）すなわち **계백장군** と呼んでからかうんだそうで…。

(65) 감투를 쓰다

カムトゥルル　スダ

冠帽をかぶる　▶役職などにつく

감투とは高麗・朝鮮時代に官吏が頭に被った冠帽のことで、本来**탕건**というのが正式名称でした。これも時代劇を見ていると、宮廷では王を始めとして大臣や官僚、武官に至るまで様々な帽子をかぶっているのがわかります。高官たちが王の前に出るときには黒い薄絹で作った**사모**〈紗帽〉をかぶり、外出するときは**갓**と呼ばれるつばの広い帽子を載せますが、いずれもその下には帽子がずり落ちるのを防ぐために、탕건を被ることになっています。いわば国の仕事に携わっている国家公務員たちの象徴でもあることから、俗っぽい言葉で官職につくことを탕건＝감투를 쓰다というわけです。

ところが官僚たちが庶民の血税で私欲をむさぼったり、賄賂を受け取ったりするのは今も昔も日常茶飯事だったのか、**사모 쓴 도둑놈**（役人の帽子をかぶった泥棒）なんて言葉も残っているようです。現代社会では必ずしも公務員や政治家になることではなくて、아파트 자치회장의 **감투를 쓰게 됐다**（団地の自治会長の役職についた）というように使われています。ヘアースタイルと関連しては、**상투를 틀다**という言葉があります。開化期に断髪令が出されるまで、朝鮮の成人男性が結っていた「まげ」が상투ですが、これを結うようになるということで、結婚して一人前の大人になったという意味で使われました。さすがに今どき結婚することをそう表現することは少なくなりつつあって、昔風の言い方としては장가 가다でしょうか。

一方で少し前に日本でも、頭の上に団子のように髪を丸めて上げる「ダンゴ頭」という女性の髪形が流行りましたが、これを指すのに상투를 틀다と言ったり、株式で株価が最高値をつけたときに買うことを**상투를 잡다**と言って**상투를 잡아서** 크게 손해를 봤다（株がいちばん上がったときに買い入れて大損をした）のように別の使い道が見つかっているので、상투はまだまだ死語になることはなさそうです。

66 난장을 치다
<small>ナンジャンウル　チダ</small>

ひどく殴る、むやみに騒ぐ

　時々テレビで見かける朝鮮時代の尋問シーン。椅子にくくりつけられた被疑者が両足をくくられて、脛のあたりに両側から棒を突っこまれ左右に無理やり開かされる、見る方も足が引きつってくるような**주리**という恐ろしい拷問です！どの国でも同じでしょうが、昔は目をそむけたくなるような刑罰がたくさんありました。**난장**〈乱杖〉もまた拷問の一種で、数名の刑吏がいっせいに体のあちこちを棒で叩きつけるというもので、致死率があまりに高かったために17世紀の後半には禁止されたといいます。何か不満なことがあったり、文句を言うときに思わず口をついて出てくるのが**난장맞을！**「くそっ、ふざけやがって！」みたいな感じでしょうか。

　また**난장판**というときは、漢字は〈乱場〉の方で無秩序に大騒ぎをしている状況を指しますが、「飼い犬が家の中をめちゃくちゃにしたんです。」というと강아지가 집안을 **난장판으로 만들었어요！**ところが、ちょっとロマンチックなこんな使い方もあるんです。비가 내려 나뭇잎에 **난장을 치고 갔다**（雨粒が木の葉をしきりに叩いて過ぎ去った）ということですが、いかがでしょうか。

　さて刑罰の話をもう少しすると、**곤장**〈棍杖〉の刑というのがありまして、十字架のような木の台にくくりつけられた罪人の尻などに、柳の木を平べったくして作った鞭である棍杖を振り下ろすというものです。これを30回もやられたらお尻が腫れあがるどころか、生死をさまようほど危険な状態になるといいますから、**곤장을 내다**が「むちゃくちゃに叩き壊す」という意味で使われるのもなるほどと思えます。

　깡패가 가게에 와서 **곤장내고 말았다.**
　（ヤクザが店に来てむちゃくちゃにしてしまった）
　縄張り争いで、相手組織の遊興施設なんかを壊すのはどっちもどっちですが、善良な庶民の貧しい暮らしを支えているささやかな飲食店など

がこんな目に遭うときは、난장맞을！と言っても足りないくらいです。
（テレビの見過ぎ？）

❻❼ 병자년 방죽이다
（ビョンジャニョン　パンチュギダ）

丙子年のため池だ
▶生意気だ

　日本史で出てくる年号にも「壬申の乱」「戊辰戦争」のように、十干十二支を使った言い方がありますが、全体的に見れば応仁、天保のような独自の年号で表わすことが多いようです。朝鮮史で王の名前を冠した「世宗〜年」は王の死後につけられる年号ですから、その時々の年は表題のような表現で表わされます。ここで言う丙子年は1876年のことで、その年に大干ばつが襲い朝鮮半島の各地で農作物が壊滅的な打撃を受けて、多くの餓死者を出したと言われます。2月から6月まで続いた日照りが今度は一転して7月に入ると豪雨が続き、水害とそれに続く病虫害によって目も当てられない惨状が農村を覆いました。방죽 は河の堤や灌漑用水に使う水を確保するため池のことですが、それがすっかり干上がってしまったという意味の言葉です。ところが、この言葉の実際の意味はそんな悲惨な状況とは関係なく、「건〈乾〉방죽＝乾いたため池」の音が 건방지다 つまり「生意気だ」という言葉と似ているために生み出された、ただの語呂合わせだと言いますから何とも人騒がせな…。

　この手の言葉には 당근이지（ニンジンだろ）☞ 당연하지（当然だろ）などもありますが、これほど歴史的知識を前提にした表現を思いついた人は、よほどの秀才かと思われます。果たして一般の人がその由来を承知しているかはともかく。

　ところで丙子の年は60年に一度廻ってくるわけですが、どうもあまり良いことが起きなかったようで、1636年、**병자호란**〈丙子胡乱〉と呼ばれる清との戦いでは、13万の清軍の猛攻に耐えられずに敗北した

朝鮮の王、仁祖は清の太宗の前に降伏の儀礼として三拝九叩頭礼（3度の拝礼をしながら9回頭を地面にこすりつける）という、屈辱を味わわなければなりませんでした。大飢饉だった1876年も日本が開港を強要して植民地化の道を開いたといわれる、不平等条約の江華島条約（丙子修好条約）が締結された年でもありましたから、丙子年は**삼재팔난의 액년**（三災八難の厄年）というべきでしょうか。

⓺⓼ 머슴아、계집애
男の子、女の子

　もともと**머슴**というのは、農家に住みこみで働く労働者、作男のことで、高麗、朝鮮時代から1950年代くらいまで、農村に欠かせない労働力となっていました。一方、**계집**は 집에 계시다 から来たものと言われて、他の家に嫁いでいない、家にいる未婚の女性のことを指す言葉です。それぞれ変形して**머스마、기집애**とも言います。時には罵る言葉として、**기집애**가 왜 그렇게 말이 많냐？（女がなぜそんなことばかり言うのか）とか、계집애の慶尚道、全羅道の方言である가시나を使って 이 **가시나**야、빨리 움직이질 못해？（この女ったら、さっさと動いたらどうなの）などと叫ぶのをドラマなどで耳にしたことはないでしょうか。また自分の子どものことを他人に話すとき、3학년 **계집애**가 하나 있어요（3年生の娘が一人います）とか 우리집 **머슴아**가 말을 안 들어요（うちの息子が言うことを聞きません）などと卑下したような言い方をすることもよくあります。

　머슴にまつわる昔話もたくさんありますが、気位ばかり高くて実は非力な両班に仕える男が、自分の主人を困らせるという笑い話を一つ紹介しましょう。

　──ある地方の儒生であった人が 머슴 をお供に都に科挙を受けに行きました。途中空腹を覚えて粥を一杯買ってこいと命じると、粥を盛った

鉢を恭しく差し出しながら「申し訳ないことをいたしました」と言います。どうしたのかわけを尋ねると、転びかけて自分の鼻を粥に突っこんでしまったと言うのです。主人は食べられないから捨ててくるよう申しつけましたが、彼は捨てるふりをしてこっそり平らげてしまいました。ようやくソウルに着いた主人が「ソウルでは生き馬の目を抜く」と言うから、目をしっかり開けて馬のくつわを握っているよう命じます。しばらく出かけて戻ってくると、確かに馬のくつわを握っていましたが、馬の姿が見えません。馬はどこかと聞くと、本当にソウルではくつわをしっかり握っていても、馬を盗み取っていくけしからぬ奴がいるものだと嘆きながら馬が盗まれたと言うではありませんか。もちろん彼が馬を売り払ってしまったわけですが、主人は気づかずに言うことを真に受けてしまいます。これでは先が思いやられると、主人は文字の読めない彼の服の背に「この者が帰宅したらただちに追い払いなさい」と記して、それを家人に見せるよう言いました。ところが村に帰る途中、とある休み処で服に何が書いてあるかを知った男は、次のように書きかえてもらいました。「この男は都に滞在中何かと頼りになり、科挙試験に合格するよう骨を折ってくれたから帰郷したら妹の婿にしてやってくれ」――こうして彼は、しがない雇われ作男から良家の女性と縁組した果報者に出世しましたとさ…。

　ざっとこんな話ですが、狂言の太郎冠者のような役回りで、何とも憎めない奴です。他にも男性を表わす言葉には **사나이** がありますが、これは「男らしい」「勇猛な」というニュアンスがあって、軍歌などにも **의리의 사나이**（義理を知る男）とか **진짜 사나이**（真の男）という歌詞が欠かせません。また、女性を表わす **아낙네** は古風な情緒を感じさせる響きがあり、名曲（筆者の個人的意見）『七甲山』の **콩밭 매는 아낙네야~**（豆畑の草を取る娘よ）というしっとりとした味わいの一節が思い出されます。

❻❾ 싸리말 태우다
(サリマル テウダ)

萩の馬に乗せる
▶客を追い出す

　昔は天然痘という病気を疫病神のいたずらだと考えていたといいます。強力な感染力を持って人間を苦しめ、体中が膿んで死に至る恐ろしい病ですから、本来王族に尊称としてつける **마마**（神の意味）と呼んで怖れたものでした。当然、種痘などもないので巫女さんの呪力にすがるしかなく、発病後12日目に病人の体から **마마귀신**（疫神）を追い払う儀式が行われました。この時싸리（萩）を編んで小さな馬を作り、これに乗せて送り出そうとしたことから、**불청객**（歓迎されざる客）を追い出したいときに **싸리말 태워 보내라!**（萩の馬に乗せて送り出せ）と言うようになったそうです。ここで思い出すのは、日本でも長居をしている客に早く帰ってもらいたいとき、玄関に逆さ箒を立てたという話です。今は掃除機が当たり前で箒を探すのも難しくなっていますが、箒の中には萩を束ねて作ったものもありますから、迷惑な客に早く帰ってもらいたいという気持ちは、玄界灘を越えてどこかでつながっているのでしょうか？

　싸리にまつわることわざに、**싸리 밭에 개 팔자**（萩の畑で寝転ぶ犬の身分）というのがあります。夏の暑い陽射しを避けて、犬が草むらの日陰にごろりと横になっている姿を想像してみれば、何とお気楽でのどかな光景！何も心配事がなく、悠々と過ごせる身分をやっかみ半分で言う言葉です。ここでいう萩は、ホウキギのことで若葉はゆでてナムルになるし、種は薬用、茎を束ねれば庭を掃く箒になるという使い道の多いスグレものですが、傍らに横たわる犬は怠け者の役立たず、**개새끼!**と罵られそうです。

⑦ 씨름하다 (シルマダ)

相撲をとる
▶格闘する

　씨름といえば長い歴史を持つ格闘技。その起源は三国時代（3C – 7C）にさかのぼると言われます。日本の相撲、モンゴルのブフなどアジアの各地に似たような競技があり、中米、アフリカ、ヨーロッパにもそれぞれの伝統を持つ同様のスポーツが伝えられているといいますから、これはもう人類共通の文化と言えるかもしれません。二人の選手が向かい合って、力と技の限りを尽くし相手を倒そうとする姿になぞらえて、〜와 씨름하다はある課題を克服したり、ことを成し遂げるために粘り強く取り組み続けるという意味でよく使われます。

　고장난 컴퓨터와 씨름하다（故障したコンピューターにかかりきりになる）、하루 종일 수학 문제와 씨름하다（一日中、数学の問題と格闘する）など。

　朝鮮時代に庶民の生活や風俗を数多く描いた金弘道の『씨름도（シルム図、1745年）』を見ると、道の真中に車座で見物する観衆の前で、両班と平民の二人ががっぷりと組んで、今しも投げを打とうとする緊張感あふれる場面が描かれています。人々が大勢集まる定期市や、端午、秋夕などの名節には、各地でこうしたシルム大会が楽しまれていた様子がよくわかります。

　現在はプロスポーツとして全国大会が開催され、スター選手も輩出されています。体重別に7階級に分かれている最重量級の優勝者を 천하장사〈天下壮士〉と呼びますが、格闘技界に旋風を起こしたチェ・ホンマン選手も頂点に君臨した選手でした。日本の相撲と違う点はたくさんありますが、砂を敷きつめた 씨름판（土俵）の中央で初めから 샅바（まわし）をつかんだ状態から試合が始まり、押し出し、寄り切りなどはなく、砂に体をつけた方が負けというルールで、普通3戦して勝敗を決めます。

씨름と関連したことわざとして**씨름에 진 놈이 말이 많다**（シルムに負けた奴がよくしゃべる）は自分の過ちを何とか言い訳しようとしたり、他人のせいにしようとする人に言う言葉。**눈썹씨름**（まつ毛相撲）というと眠くてまぶたが重なるのを、必死でこらえることを表わします。
　※눈썹には眉毛の他にまつ毛の意味もあります。

表現　「身体表現」を比べてみましょう

肝臓に便りも届かない　(간에 기별도 안 간다)
<small>カネ　キビョルド　アン　ガンダ</small>

　食物に含まれる様々な栄養素をとりこんで、体の各部分で利用できる形に変えてから、必要に応じて供給する働きがあるという肝臓。充分に食べれば活発に働き始めるのに、「肝臓に便りも届かない」のはあまりにも食べた量が少ないからなんです。こんな医学的考察（！）に基づいて昔の人は「ご飯が足りない」ということを表現したというのですから、何とも含蓄の深い言葉です。日本語にも様々な身体表現と言われる言葉がありますし、韓国語と似ているものもたくさんあります。「目が高い」は **눈이 높다** ですし、「口が軽い」は **입이 가볍다** となります。ところが油断するととんでもないことになるのが、言葉の勉強のおもしろいところで、「大目に見る」を 큰 눈에 보다 なんて言っても相手は「目をぱちくり」するばかり。こんな時は **너그러이 봐 주다** と言わなくてはなりません。ここでは、日本語とはずいぶん違うと思われる身体に関する表現を紹介したいと思います。

① 머리에 피도 안 마르다

　「頭に血も乾いていない」とはいったい何かと思ったら、赤ちゃんが生まれるときは母親の胎内から出るときについた血が体のあちこちに残っています。「頭についていた血もまだ乾かない」と言えば、大人ではなくてまるで幼い子どものようだという意味で、相手を子ども扱いするときに言う言葉となります。**머리를 싸매다** と言えば、布のようなもので頭をぎゅっと結ぶことで、「ねじり鉢巻き」で頑張るということになります。

② 눈에 흙이 들어가다

　「目に土が入る」とはまさに土葬の国ならではの表現です。埋葬されるとき上から土をかけられるので、当然目の中にも土が入ってしまうでしょう。（実際は棺に納められますから入りませんが）つまり、人が死

ぬことを表わしているわけです。**눈 밖에 나다** は目の外に出るのではなく、信頼されなくなって、その人から憎まれるというような意味合いで使われます。

③ 귀가 얇다

「耳が薄い人は幸が薄い」…じゃありません。人の言うことにすぐ乗せられて聞いてしまう人。今がお買い得だからと言われて、必要ないものを大量に買ってしまうようなこともありますね。転じて自分の基準を持てずにその場その場で考えを変えたりする人のことを言うことも。**귀가 가렵다**「耳がかゆい」のは病気ではありません。誰かが噂をしているのです。左がかゆければ悪口を、右がかゆければほめていると言うんですが、一説にギリシャ神話で人の言葉を伝える天使が相手の耳をくすぐっているんだとか。

④ 내 코가 석자

ここで言うコは鼻ではなく、鼻水のこと。自分の鼻から鼻水が3尺(석자)も垂れさがっているので、とても人のことに構っていられない、自分のことで精いっぱいという意味で使われます。**코가 납작해지다** は鼻がぺしゃんこになるということで、自分の至らなさを思い知らされて意気消沈する、恥をかくという表現になります。

⑤ 입만 아프다

いくら懸命に話をしたところで通じないから「口が痛くなるだけ」、言うだけむだだということですね。**말을 해봐야〜、말을 해봤자〜** などの後に続けて「言ってみたところで」と諦めの心境を物語る言葉です。**입이 찢어지다** はいったいどうして口が裂けてしまうのかというと、嬉しいことがあったからなんです！ 思わず笑いが止まらなくなり、とうとう口元がつりあがって **입이 찢어지겠네！**

⑥ 얼굴이 꽹과리 같다

顔がケンガリのようだ？ ケンガリは사물놀이に登場する甲高い音を響かせる楽器ですが、どんな顔かと思いきや「恥知らずで図々しい」

人のことを言うそうです。楽器のイメージなのでしょうか。同じ「顔」という言葉に낯というのがありますが、**낯을 가리다 / 낯이 간지럽다**はそれぞれ「顔を選ぶ ☞人見知りする」「顔がくすぐったい ☞きまり悪い」という意味で使われます。

⑦ 손이 맵다

手に辛いや甘いがあるのでしょうか。これは殴られたときにぴりぴりした衝撃が走るほどこぶしの威力があるとか、仕事を完ぺきにこなすなどの意味で使われます。**손이 빠르다**（手が早い）と言えば、日本語では女性にすぐ手をつける、すぐに暴力をふるうなんてことになりますが、韓国では仕事が早い、品物がよく売れるというように歓迎すべきことに使われます。

⑧ 발목 잡히다

ある事にとらわれて他の事ができなかったり、誰かに弱点を握られることを「足首をつかまれる」という言い方をします。一方、**발이 묶이다**という表現も似ているように見えますが、交通がマヒして身動きがとれなくなったとき、태풍으로 여행객들의 **발이 묶였다**（台風で旅行客が足止めをくった）のようにも使われます。

この他にも **사족을 못 쓰다**（手足を使えない ☞ 目がない）、**발이 떨어지지 않다**（足が離れない ☞後ろ髪を引かれる）、**눈이 빠지도록**（目が落ちるほど ☞首を長くして）など、おもしろい発想の言葉はたくさんあります。**효자손**（孫の手）、**코흘리개**（鼻たれ）、**귀동냥**（耳学問）のようにちょっと似た言葉もあって、一度辞書をひいて身体を表す言葉を探してみれば、共通した発想に驚いたり、意外な表現のしかたが多くて感心することでしょう。

人の家の宴会に
口を出すな！
味わい表現編

これまで、隣国の暮らしや歴史、文化を感じることができる表現を、テーマ別に見てきましたが、ここでは主題にこだわらずに、さらに興味深い表現を集めて紹介することにします。言葉を学ぶ醍醐味とは、決して難しい文法の理解や単語の丸暗記などではありません。一つ一つの表現をゆっくり味わいながら、そこからにじみ出てくる人々の生活や思いを想像してみると、言葉を知ることの楽しさが一気に広がってきます。

　ここに取り上げたのはごく一部のものですが、ドラマのセリフの中にも、ブログの書き込みにも、日常生活の中で何気なく使われている言葉にも、よく耳を澄ませて聞いてみれば、私たちの好奇心をかきたててくれる面白い表現がたくさん隠されています。

㉑ 남의 잔치에 감 놓아라 배 놓아라 한다
ナメ チャンチエ カム ノアラ ペ ノアラ ハンダ

諺 他人の祝い事に柿を置け梨を置けという
▶余計な干渉をする

　おめでたい行事や名節（**추석**、**설날**など）で調えられる膳などには、大体決まった食べ物が供えられます。大きなお膳を北向きに置いたとき、**어동육서**〈魚東肉西〉、**좌포우혜**〈左鮑右醯〉、**조율이시**〈棗栗梨柿〉などと言って、魚類は東側、肉類は西側に置く。干物類は左側、シッケ（식혜）は右側に。また最前列に並べる果物類の順序は、西からナツメ、栗、梨、柿を置くと言われています。実際にソウルの 떡 博物館などに行けば、模型で作った祭祀膳を見ることができますから確かめてみてください。特に名節のときには一族総出で**차례**〈茶礼〉と呼ばれる儀式の準備をしますが、地方や家によって、多少の変化があってそれは代々受け継がれるものだとか。それなのに、ここには柿を置くとか、梨を置くとか外部の人間が口出しするのは余計なおせっかいというものです。

　何事につけ口出しをしたがる人はいるものですが、それもほどほどにしないと嫌がられます。
「おせっかい」を表わす言葉に**치마폭이 넓다**（チマの裾が広い）というのがあります。치마폭〜という表現はどうも女性が何かにつけ口出しをすることを非難しているような言い方で、チマの幅が広ければ中に何人も入れるので、そのすべての人に対して干渉するということでしょうか。**내닫기는 주막집 강아지라**（突っかかって来る様子が酒幕の犬みたいだ）も他人におせっかいを焼きたがる人を犬に例えています。「酒幕」というのは宿屋を兼ねた居酒屋で、庶民のたまり場のようなものだったようですが、そこにいる犬が誰彼構わず吠えかかるので、みさかいなく口出しする人を非難する言葉だとか。そんな人には、**할 일 없으면 낮잠이나 자라！**（そんなにやることがなければ、昼寝でもしていろ）と憎まれ口の一つも言いたくなります。

72 약방의(에) 감초

諺 漢方薬局の甘草
▶なくてはならないもの

　ソウルの東にある京東市場の一角には漢方薬材の卸売店がぎっしり並んでいて、側を通ると薬草の独特の香りが漂ってきます。最近は体に負担の少ない漢方薬に人気があって、ここを訪れる日本人も増えているそうです。症状や患者の体質に応じて薬を調合するとき、必ずといっていいほど入る材料が甘草。あらゆる薬の毒性を和らげ、72 種の鉱物性薬材と 1200 種の植物性薬材を調和して、その効能を最大限に引き出す役割を果たすと言われます。そこから、何かをするときに欠かせない人や物のことを言うときに使われます。

　영화에서 **감초 역할을 하는** 조연배우（映画で甘草のような役割を果たす脇役）、유머는 인생에 있어서 하나의 **감초 역할을 할 수 있다**（ユーモアは人生において、一種の甘草の役割を果たすことがある）。では、次のような場合、**약방의 감초**のようなものとは、いったい何でしょうか？

① 술을 많이 마신 다음 날 아침에 약방에 감초처럼 식탁에 오르는 시원한 국물은?（酒を飲み過ぎた翌朝、きまって食卓に上るさっぱりしたスープは？）
② 한국에서 남자 둘만 모이면 약방에 감초처럼 꼭 나오는 이야기는?（韓国で男同士が集まれば必ず話題になる話は？）
③ 한국어 시험에서 초급부터 고급까지 약방에 감초처럼 늘 출제되는 문제는?（韓国語試験で初級から高級まで必須のようにいつも出題される問題は？）

わかりましたか？ ①は 콩나물국、②は 군대 이야기、③は 발음 문제ですね。（異論があっても、そこは 엿장수 마음대로! —— p19 参照）

73 핑계 없는 무덤 없다
ピンゲ オムヌン ムドム オプタ

諺 いわれのない墓はない

핑계と言えば「言い訳」「弁明」という意味で、何かと言うと「想定外」を繰り返すお役人の答弁を思い出すまでもなく、私たち自身も日常生活の中で**바쁘다는 핑계로**（忙しいという口実で）しなくてはならないことを後回しにしたり、**친구를 핑계로**（友だちを言い訳に）夜遅くまでお酒を飲み歩いたり、**핑계를 대다**（言い訳を言う）という場面はいくらでもありそうですね。

見えすいた言い訳を聞かされたとき、皮肉っぽく言うのが表題の言葉です。このことわざでは 핑계 が通常の「弁明」ではなく、理由、由来というような意味で使われているようです。「いわれ」というのは埋葬された人が死に至った理由です。先祖代々、大勢の人が同じ墓に同居する日本と違って、一人一つの墓を作る埋葬方式では、こんもりとした土盛りを見るたびにそれぞれの事情からあの世へと旅立った、故人の姿が懐かしく思い浮かぶのではないでしょうか。墓を造成するときは、風水に従って**명당 자리**（☞ 吉祥の地）を選ぶのが肝心で、風水の専門家に任せますが、その後も墓の手入れは残された人たちにとっては重要な仕事で、**벌초**（草刈り）をしてきれいに整えたり、秋夕、正月など名節の折には供え物をして、祖先や故人の冥福を祈ることが家庭の安寧、繁栄をもたらすと信じられてきました。

처삼촌 뫼(＝무덤)에 벌초하듯（妻の叔父の墓で草刈りするようだ）というのは、こうした慣習から来た表現で、「物事をいい加減に、形ばかり処理すること」という意味だそうです。ユーモラスに人の本音を鋭く突いていますね。**산소 등에 꽃이 핀다**（墓の上に花が咲く）は、祖先の墓をしっかり手入れして子孫が栄えることを言うそうですが、繁栄の理由がお墓のせいか、どうか…。なんて疑うと**무덤을 파다**（墓穴を掘る）ことになるかもしれません。「言い訳はいくらでもできる」の意味では**처녀가 아이를 낳아도 할 말이 있다**（未婚の女性が子どもを

産んでも言い分はある）なんて言葉もあります！

74 바가지를 긁다
（バガジルル クッタ）

ふくべを掻く
▶妻が愚痴をこぼす

누구는 신도시에 아파트 샀다는데 우린 아직도 임대에 살고, 아이고 아이들 대학 보내려면 쥐꼬리만 한 월급가지고 어떻게 살겠어요？
（誰かさんは新都市にマンションを買ったっていうのに、うちはまだ賃貸に住んで、ああ、子どもたちを大学に行かせようとしたら、こんな給料でどうやって暮らせるの？）

誰でも一度は聞かされたような妻の愚痴。言いたいことはいくらでもありそうですが、귀가가 늦다고 **바가지를 긁는** 아내（帰宅が遅いと不平を言う妻）を前に夫はただ謝るばかり？ 바가지 とは「ふくべ」とか「ひさご」と呼ばれる植物の実で、中をくりぬいたもので水を汲んだり、米を研ぐときに計ったりする道具です。古風な雰囲気の居酒屋でマッコリを飲むときなどに見たことがあるかもしれません。これがどうして「愚痴をこぼす」のに使われるようになったかというと、昔は伝染病が流行ると、巫女さんを呼んでお祓いでもするしかなかったわけですが、その時 바가지 の内側をひっかいて聞くに堪えない不愉快な音を出せば、病をもたらす邪鬼を追い払うことができると信じられていたそうです。

冒頭の愚痴もまた 바가지 をひっかく「聞くに堪えない」音にしか聞こえないという話ですから、これはきっと男性が作りだした言葉に違いありません！ 바가지 にはもう一つよく使われる表現として、**바가지를 쓰다** という言葉があります。観光地などで普通の何倍もの値段をふっかけて品物を売っていたり、飲食した後で法外な料金を支払わせられた

り…。「ぼられる」と同じような意味で使われています。この語源は先ほどとは違って、19世紀の終わり頃、外国の新文化が怒涛のように押し寄せてきた時代の話。外国に開港した町（釜山、仁川、元山）などでは、その開放的な雰囲気の中で、新しい賭博のようなものも持ちこまれ楽しまれるようになったと言います。中国から来た「十人契」という賭博は数字を書いた小さな **바가지** を見せてから、主催者が言う数字の **바가지** を他のものと混ぜてわからなくした上で、どれかを当てさせ、当たった人以外は、皆、賭け金を巻き上げられてしまうものでした。そこから **바가지를 쓰다** という表現が生まれたようです。このときは自業自得だったわけですが、それから百年以上たった今では「被害者」の使う言葉になり、「不当に高い料金」を **바가지 요금** などと言っています。

75 가는 날이 장날
カヌン ナリ チャンナル

諺 行く日が市の立つ日
▶渡りに船

　ここで言う「市」は常設のマーケットではありません。昔は日本でもあちこちにできていた、五日市、十日市などの定期市のことです。村の広場のようなところに、近郊に住む人々が自家製の食品や服、生活用品などを持ち寄って販売したり、集まる人を目当てに **뻥튀기**（ポン菓子）、**파전**、**국수** などを目の前で食べさせたり、**뱀장수**（ヘビ売り）、**약장수**（薬売り）などの怪しげな（？）商売から **유랑극단**〈流浪劇団〉といわれる旅回りの公演まで、賑やかな祭りの縁日を演出する一大文化フェスティバルといいましょうか。娯楽の少なかった時代には大人も子どもも1日楽しめるイベントだったといいます。ある人が久しぶりに友人を訪ねようと思い立ち、半日かけて歩いてようやくたどり着くと、友人はそこから何里も離れた市に物売りに出かけていなかったというのが言葉の由来だとか。電話も自動車もなかった時代の話です。

가는 날이 장날이라더니 박물관까지 3시간이나 걸렸는데 가보
　　니까 마침 휴관일이었다.
　　（行く日が市日だというけれど、博物館まで3時間もかかったのに、
　　行ってみたら休館日だった）
これは残念な場合ですが、「渡りに船」のように幸運に恵まれたとき
にも使えます。
　　새로 생긴 편의점에서 볼펜 하나 샀는데 **가는 날이 장날이라**
　　사은품으로 음료수를 주었다.
　　（新しくできたコンビニでボールペンを一つ買ったんだけど、運よ
　　く謝恩品としてドリンクをくれた）
　かつては品物を仕入れては地方の市場を回り歩いて生計を立てる専
門の商人もいたようで、植民地時代の著名な作家李孝石の小説『**메밀
꽃 필 무렵**（蕎麦の花咲く頃）』は、各地を回りながら **떠돌이 생활**
（浮き草暮らし）をするこのような人たちの哀歓を描いた名作です。今
は都会の団地でも、曜日を決めて店が並ぶ **아파트 장터** がありますし、
「ちょっとそこまで買物に（主に食料品）」というときに **장보러 가다**（市
場を見に行く）というように、장は暮らしに根づいた言葉でもあります。

76 안성맞춤
アンソンマッチュム

安城のあつらえ鍮器
▶あつらえたようにぴったり合うこと

　京畿道、安城はソウルから80kmほど南にあって、昔から真鍮の器
である **유기**〈鍮器〉の産地として知られていました。유기のうち、普
通に流通して売られるものは **장내기**（市場に出されるもの）といい、
注文して作るあつらえ品は 맞춤 と言ったそうですが、これが **안성맞춤**
の語源のようです。庶民の使う生活食器は雑穀などがたっぷり盛りつけ
られるように、大きめで素材もそれほど良いものではありませんでした

が、米を主食としたソウルや近郊に住む양반たちの求めで作られる器は小ぶりで、銅と真鍮（または亜鉛、ニッケル）の絶妙な配合がもたらす典雅な色合いと光沢の美しさは、他の追随を許さなかったそうです。

　　　새로 나온 차는 내부가 넓어서 가족 여행에 **안성맞춤이다.**
　　（新しく出た車は内部が広くて、家族旅行にはうってつけだ）

　こうしてその用途、目的にぴったりのことを指して안성맞춤と言うようになりました。他に歴史的背景のある地名を含んだ表現には、**함흥차사**〈咸興差使〉という言葉もあります。高麗に代わって朝鮮を建国した李成桂（太祖）の第五子である李芳遠（太宗）が、王に即位した兄弟たちを次々に倒して自ら王位に就いたことに怒った太祖は、故郷である咸興に帰ってソウルに戻って来なかったそうです。父が心配でもあり、王である自分の体面がなくなることを恐れた太宗は何度も使臣（差使）を送って説得しようとしましたが、その使臣たちまでも行ったまま一人も帰って来なかったそうです。太祖がすべて殺したという説もありますが、そこから「出かけたきり、戻らない人」や「いくら呼びかけても応じないこと」を함흥차사と言うようになりました。

　また**행주치마**は今で言うエプロンのようなものですが、もともとは**앞치마**という言葉がありました。1593年の**임진왜란**〈壬辰倭乱＝文禄の役〉で首都奪回を目指した권율〈權慄〉将軍が、ソウルの北西にある**행주산성**〈幸州山城〉に二千名余りの兵と共に陣を作ったとき、宇喜多秀家、小西行長などの連合軍3万名が包囲して攻撃を仕掛けてきました。これには城内にいた女性たちも協力して、敵に投げつける石をチマにくるんで運ぶなど奮戦した結果、撃退に成功したといわれます。後に王がこの功を称えて앞치마に행주〈幸州〉の地名をつけて呼ぶようにしたのが、名前の言われだということです。短い言葉に隠された長い歴史の跡に、思わず感心してしまう興味深いエピソードですね。

77 혼자 북 치고 장구 치고
ホンジャ ブッ チゴ チャング チゴ

一人で太鼓を打ち、チャングも打ち
▶一人で何でもやってしまうこと

사물놀이という音楽パフォーマンスがあります。**북**(太鼓)、**장구**〈長鼓／杖鼓〉、**징**(銅鑼)、**꽹과리**(鉦)という4種類の打楽器の演奏を見せるものですが、もともとは農村の村祭りや正月などの行事で行われる農楽という集団演奏の一部でした。북はパンソリで語りの合間に合いの手を入れるときにも使われて、物語の進行に大事な役割を果たしています。장구は両手に握ったバチで、鼓のような楽器の両面を交互に叩きながら曲の演奏をリードするパートとして、打つ人の技量が最もよく発揮される、사물놀이の花形のような楽器です。それぞれの楽器を一人ずつ受け持つのが当然ですが、それを一人で북も장구もやるということは、たとえば共稼ぎの女性が、家に帰れば子どもを見たり、家事をこなしたり、一人でいくつもの役割をこなすようなことを表わします。

맞벌이 아내는 집에 들어가도 저녁 준비에 빨래 개기, 아이 숙제 보기까지 혼자서 **북 치고 장구 치고** 다 해야 한다.
(共稼ぎの妻は家に帰っても夕食準備に洗濯物たたみ、子どもの宿題を見ることまで、一人で何でもやらなくてはならない)

あるいは事業を始めた当初、一人社長である本人があらゆる活動をこなさなくてはならないベンチャー企業などのことをいうときにも使われます。

작은 사업을 시작하니 마케팅도 섭외도 상품개발도 다 혼자서 **북 치고 장구 쳐야 한다는** 말이다.
(小さな事業を始めると、マーケティングも渉外も、商品開発もすべて一人でやっていかなくてはならないということだ)

맞장구를 치다は相方の音に合わせてチャングを打つということから「相づちを打つ」という意味ですし、伝統楽器の琴の一種である거문고と関連しては **줄 없는 거문고** つまり弦のない楽器では音が鳴らないの

で、「役に立たない」「やり甲斐がない」などの意味で使われる表現もあります。**장단을 맞추다**は伝統楽器のリズムである장단〈長短〉を合わせるというところから、「（相手の言うこと、することに）調子を合わせる」という意味で使われる、これも伝統音楽に由来する言葉ですね。

㉘ 고무신 거꾸로 신다
コムシンを逆さに履く
▶女性が心変わりする

　ゴムで作られた、船底型の浅い靴。**한복**〈韓服〉によく似合う独特の形をした**고무신**は運動靴や革靴が普及する前までは、男女を問わず普段履きに履いていた履物でした。韓国では人の家を訪問したとき、靴は家の中を向いた方向のまま脱ぐのが普通で、日本のように帰りに履きやすいからと、外に向け直すことはしません。靴を外に向けるのは「早く帰りたい」と言っているようで好まれないそうです。それにしても帰るときには、まさか逆向きの靴をそのまま履いていくわけはありませんが、あわてて出ていこうとして、ついそのまま…。これは男性がいない間に、別の男を部屋に引き入れた女性が、思いがけず帰ってきた男性から逃げようと必死に飛び出したということからきた話です。特に、軍隊に行ってしまった彼を待ちきれずに、他の男性に心変わりした女性のことを言うようになったそうですが、除隊するまで２年もの間互いに離れていれば、それもやむを得ないのでは…、と思うのは徴兵制のない国に住む者の気楽な感想でしょうか。

　一説に、その昔、結婚した女性が浮気をしていたときに夫が帰ってきたので逃げようとしたものの、そのまま出れば足跡をたどられると思い、わざと反対に履いたまま歩いて、家に向かっていたように見せかけたことから来た言葉だとも言われますが、これは相当な知能犯で、果たしてあわてふためいた時にそんな余裕があったかどうか。

でも、必ずしもすべての女性が彼を見捨ててしまうわけではないようで、インターネットには **고무신 카페** というのがあって、彼を見送った後も除隊を待ち続ける、同じ境遇の女性同士が励ましたり慰め合うサイトなんだそうです。考えてみれば韓流ファンの人たちも、好きな芸能人が入隊してから決して心変わりしないで応援し続け、慰問公演などに出演するときなどは普段、一般人が出入りすることのない辺境の部隊にまで足を運んで、しばしの再会を涙ながらに喜ぶという場面が見られますから、その思いの深さには頭が下がります。一方、男性も必ずしも振られてばかりとは限らず、自分の方から別れを告げるときは **군화 거꾸로 신다**（軍靴を反対に履く）と言うそうですが、そんな悲しいケースより、じっくりと愛情を熟成させて、やがてゴールインしたときに **꽃신을 신었어요**（伝統的な婚礼衣装のときに履く花の刺繍を施した靴を履く ☞ 結婚する）と言えることを願うばかりです。

79 버스 지나간 뒤에 손 흔들다
バスが行った後に手を振る
▶後の祭り

　バスが出発してから待ってくれと手を振っても、もう遅い…。似たようなことわざが、昔は **행차 뒤에 나팔**（身分の高い人の行列が過ぎた後に、行列の到着を知らせるラッパを吹くこと）とか、**소 잃고 외양간 고치기**（牛を失くしてから牛小屋を直すこと）などと言っていましたが、現代風に表現したのがこの言葉。
　外国人にとって、韓国でバスに乗るのはなかなか難しいと言われますが、生活している人にはなくてはならない交通機関です。ソウルでは1日に8000台のバスが、500万人もの人を運んでいるといいます。（東京では、地下鉄など他の交通を利用する人が多いので、1日50万人台にとどまっているそうです）以前は時刻表がないからいつ来るかわから

ないとか、停留所の前でじっと待っていても、後ろの方で見切り発車してしまうとか、スピードが速すぎて怖いとか、評判はあまり良くありませんでしたが、今は位置追跡システムも整備され、交通カードを利用する乗車方法が定着して大変便利になりました。

　路線バス同様によく利用される交通手段は高速バスです。日本のように鉄道網が密でない韓国では、中長距離の移動にはバスが大変便利なようです。特に民族大移動と呼ばれる秋夕や旧正月のときにはフルに大活躍。たとえばソウルからプサンに行くとすると、高速鉄道のKTXなら2時間45分ほどで、料金は5万ウォン台（平日と週末では違う）です。一方ソウルの高速バスターミナルから出発するバスは、プサン総合バスターミナルまでは4時間半くらいですが、料金はKTXの半分以下で行けます。ほぼ30分ごとに出発して本数も多いですから、鉄道よりずっと便利だというイメージがあります。ターミナルの売店で、スルメと焼酎を買いこんで、のんびり道中を楽しむという風情も捨てがたいし、車中では田舎に帰る人たちの方言がどことなく懐かしい郷愁をかきたてるように聞こえてきて、旅の気分をたっぷり味わえるという楽しみもあるし…。

　乗り物に関係した表現としては、**개는 짖어도 기차는 달리다**（犬は吠えても汽車は走る　☞　どんな妨害があっても初志を貫く）や、**비행기를 태우다**（飛行機に乗せる　☞　おだてて、舞いあがらせる）などがあります。

⑧⓪ 못 먹어도 고
食べるものがなくてもgo

　「食べるもの」と言っても食事の話ではありません。韓国の国民的娯楽ともいわれる**화투**〈花鬪＝花札〉の**고스톱**のことです。家族や仲の良い友人たちが集まるところ（葬儀会場でも！）、床に座りこんで고！

스톱！と叫びながら、時には怒り、時には大笑いしながら、手に汗握り、目もとに涙を浮かべて（ちょっと大げさか？）真剣に遊びに興じる様子を見ていると、何だか人生の縮図を見るようでもあり、韓国の人たちがいかに遊ぶことを楽しんでいるかよくわかるような気がします。

　고스톱のルールでは、手札を出して、山札をめくり、絵が合った（同じ月を表わす札）場合にその札を自分のものにできますが、そうやって獲得した札の点数によって、3点以上になったら勝負を続ける（ゴー）、そこで止める（ストップ）かを選ぶことができます。1回ゴーすれば、その人に1点が追加されて、3回目には点数が2倍になるなどの特典がある一方、ゴーをしたのに、他の人が上がってしまった場合は、ゴーをした人が2倍払わなくてはならない（あるいは負け点は全部自分が払う）というリスクもあります。果たして、自分がさらに得点を積み重ねることができるかという読みこそが、勝負の勘ということですが、自分が札を合わせて得点できる見込みがなくても（못 먹어도）、ゴーを宣言して、より多い得点を期待するというのが、表題の表現ですね。「危険を冒しても、強気で事を押し進める」という意味で使われます。

　たかがゲームとは言っても、大勝ちは望まず冷静沈着に判断しながら慎重に進めるタイプや、一か八か思いきって勝負に出ることを好むタイプかなど、それぞれの人生の生き方が反映されると言ってもいいほど、プレイヤーの人間性が浮き彫りになる遊びだからこそ、人気があって皆が夢中になれるのかもしれません。花札から生まれた「人生の教訓」としては次のような表現があります。

　　되는 놈은 버리기만 해도 난다.
　　（流れに乗ったり、ツイている人は、仕方なく捨てた札でもめくった札がうまく一致して点数がつく）
　　"광"하나는 가지고 살아라.
　　（失敗したとしても何か一つは備え《광は点数の高い札のこと》を持っていなければ生き残れない）

　それにしても花札の絵を見ると、日本にあるものとそっくりですから、やはり日本から伝わったものなのでしょう。誰も得点できずにゲームが流れてしまうことを나가리（流れ）と言ったり、五つの鳥の絵柄を고도리（五鳥）と言うのを見ると親近感を感じもしますが、日本語がそ

のまま残って韓国社会に定着しているところが、実は日陰の部分に多いというのはちょっと複雑な気分になります。

⑧1 엎어진 김에 쉬어 간다
オ ボ ジン　キ メ　シ オ　ガンダ

諺 転んだついでに休んでいく
▶転んでもただでは起きない

　バスに乗って家に向かう途中、つい本に夢中になって降りる停留所を三つも乗り越してしまった、なんてことはないでしょうか。あわてて降りて、そのまま反対方向のバスに乗り換えて戻るのもつまらないので、そんな時は思いきって歩いて帰ることにしましょう。すると今まで気がつかなかった、おしゃれなお店があったり、バスからは見えなかった風景が見えたり、思いがけない収穫があるかもしれません。

　転ぶ（엎어지다）のは望ましくないことですが、どうせ転んでしまったならいたずらに後悔したり、失望しないでそれを良い方向に活用したり、失敗を反省して次の飛躍につなげるための、休養の機会にすることもできるという意味のことわざです。日本語で該当する「転んでもただでは起きない」という表現になると、失敗しても諦めずに、災いさえも福に変えてしまおうという、ハングリーなしたたかさが感じられます。この言葉にもそういった意味合いはありますが、無理はしないでのんびりやろうというおおらかさがあって、ホッとするような気がします。
似たようなことわざに **떡 본 김에 제사 지낸다**（餅を作ったついでに祭祀をする）とか、**소매 긴 김에 춤춘다**（せっかく袖が長いから踊りを踊る）などもありますが、ちょっと無理やりな感があるのでは…？思わず吹き出してしまいそうなのが、**활 당긴 김에 콧물 씻는다**（弓を引いたついでに鼻水をぬぐう）。

　엎어지다とよく似た言葉に **자빠지다** や **넘어지다** があります。**엎어지면 코 닿을 데**（転んだら鼻がくっつく所 ☞ 目と鼻の先）というよ

うに 엎어지다 は顔が地面につくように前に倒れること。世宗大王がハングルを制定するいきさつと、朝鮮王朝の基盤を固めていく過程を描いた歴史ドラマ『根の深い木（2011）』に登場するハン・ソッキュ扮する世宗が何かというと **지랄하고 자빠졌네!**（くそっ、ふざけたことしやがって）と言って、すっかり有名になった（？）자빠지다 は後頭部を下に後ろへと倒れること。ごく普通に使われる 넘어지다 は前後左右、自由自在にどんな方向でも、とにかく転んでひっくり返ってしまうことです。

ちょっと気になる言葉たち
おまけ編

終わりに、ちょっと気になる言葉、何と訳したら良いのか困るような表現をいくつか集めてみました。試験問題によく出ることもありますが、日常生活の中でも普通に使われることの多い表現や、俗語と言われるようなもので、知っておくと役に立つかもしれません。他にも若者言葉や新造語、流行語と言われるものがありますが、これらは今後いつまで使われ続けるか定かでないだけでなく、必ずしも感心するようないわれがあるわけでもありませんから、ここでは除外することにします。

●갈피를 못 잡다

見当がつかない

갈피は物が分かれたり、重なっているときの合わせ目のことで、これが理解できていればどの方向に進むか適切な判断ができますが、わからないといったいどうしたら良いか、見当もつかないということになります。普通、영어 공부를 어떻게 시작하면 좋을지 **갈피를 못 잡겠다**（英語の勉強をどうやって始めたらいいのか、さっぱりわからない）のように「要領がわからない」の意味で使われることが多いようです。また、**책갈피**と言えば、本のページにはさむ栞のことを指します。

●걸음아 날 살려라

逃げろや逃げろ

直訳すれば「歩みよ、我を助けよ」とでもなるのでしょうか。何かに追われているとき、必死になって逃げるのは自分自身ですが、その歩き方（走り方）を自分とは別の存在であるようにして、助けてくれ！という言い方が何ともおもしろいですね。

　쫓아오는 호랑이를 피하려 **걸음아 날 살려라** 정신없이 뛰어갔다.
　（追いかけてくるトラから逃げようと、逃げろや逃げろと無我夢中で走っていった）

●골머리를 앓다

気をもむ、頭を抱える

골머리と言えば頭の中にある脳のこと。**앓다**は「病む」ですから相当悩んだり苦しんだりしながら、考えに没頭している様子が目に浮かぶようです。**골머리를 썩이다**（脳みそを腐らせる）とも言いますが、どちらもあまり品のいい表現ではないといいますから、使い方は慎重に…。

요즘 불법 주차문제로 관계자들이 **골머리를 앓고 있다.**
（このごろ違法駐車の問題で関係者は頭を抱えている）

●굴뚝같다

（気持ちがあふれるほど）切実だ

　貧しかった時代には **굴뚝**（煙突）から出る煙を見て、今日は飯にありつけそうだと、家路を急いだという話があります。それほど食べるものへの思いが切実だったことから、燃えさかる焚き口から煙突をかけ上って、外に吹き出そうとする煙の様子に、人の切実な気持ちを例えた言葉として、도와 주고 싶은 마음은 **굴뚝같지만**（助けたい気持ちは煙突のようだけど ☞ 助けたいのはやまやまだけど）のように使われます。

●그놈이 그놈이다

似たり寄ったりだ

　変わり映えがしない二人を比べて悪くいう言い方。「そいつはそいつだ ☞ 同じ穴のムジナ」のようなニュアンス。**놈**という言葉は人（男性）を悪く言うのに欠かせない（？）「奴」にあたる表現です。**이놈！ 나쁜 놈！ 무식한 놈！**（こいつ！ 悪党！ 浅はかな奴！）など。物や事実について言うときは **그게 그거다** となります。**그 아버지에 그 아들이다**は、ほめ言葉にも悪口にも使えて、四字熟語、**부전자전**〈父伝子伝〉と同じ意味です。「この父にしてこの子あり」と言えば何だかカッコいいでしょう？

　사람이 바뀌었다고? 그래봤자 **그놈이 그놈이지**, 뭐!
　（人が替わったって？ そうしたところで皆似たり寄ったりじゃないか）

● 그렇고 그런 사이

ただならない関係

「そうしてそんな間柄」っていったいどんな仲？ どうも普通の友だちではなくて、親密で特別な関係を言うようです。二人は벌써 **그렇고 그런 사이다**（二人はもうそんな仲だ）は二人が恋人同士だというニュアンスになります。一方、**그렇고 그렇다**には特別なものでなく、ありふれた、似通ったという意味もあるのでややこしい！

　인생이란 다 **그렇고 그런 것**이 아닌가요?
　（人生って皆そんなものじゃないですか）
　사랑에 대한 소설은 대부분 **그렇고 그렇다.**
　（愛をテーマにした小説は大部分似たり寄ったりだ）。

● 극성을 부리다

猛威をふるう

극성〈極盛〉という漢字からすれば勢い盛んということで、나라가 **극성을 누리고 있다**（国が隆盛をきわめている）となることもあります。ところが부리다という言葉が**행패를 부리다**（非道なことをする）、**고집을 부리다**（強情を張る）のように人を困らせるような行動に使われるので、**더위가 극성을 부리다**（☞暑さが猛威をふるう）、**불법 영업이 극성을 부리다**（☞違法営業がはびこる）のように、嫌われ者が盛んに人々を苦しめているような状況を表わすようになりました。

● 꼬리에 꼬리를 물고

次から次へと

꼬리를 물다は「尻尾をくわえる」ということで、たとえば犬が別の犬の尻尾をくわえると、今度は自分の尻尾をまた別の犬がくわえて、次から次へとつながっていく様子をイメージしてみればいいのではないで

しょうか。噂がどんどん広がっていく様子や、あることに対する疑問点が一つ出ると、そこからさらに次の疑問が浮かんでくるというように、連鎖的につながっていくことを表わします。後には**이어지다**(つながる、続く)、**번지다**(広がる)、**일어나다**(起きる)などの言葉が来ることが多いようです。

　배후인물에 대한 의혹이 **꼬리에 꼬리를 물고** 불거지고 있다.
　(背後にいる人物に対する疑惑がどんどんふくらんでいる)

● 꽁무니를 빼다 (줄행랑을 치다)
尻ごみする、姿をくらます

　尾てい骨や尻尾を表わす俗語、**꽁무니**を取ってしまえば姿が見えなくなるということでしょうか。同じ意味で **줄행랑을 치다** と言いますが、**줄행랑** という言葉は本来お屋敷の大門の脇にあった下人たちの部屋のことを指しますが、中国の兵法にある三十六計の最後、「八方手を尽くしてだめなら逃げろ！」という意味である36番目の「走為上（**주위상**)」と発音が似ている（？）ことから無理やりくっつけた造語のように思われます。

　그 사람은 언제나 막판에 가서 슬그머니 **꽁무니를 뺀다**.
　(彼はいつも土壇場になってこっそり逃げ出す)

● 내로라 하는~
これはと思える~、そうそうたる~

　신년 모임에는 경제인 중에 **내로라 하는** 사람들이 다 모여들었다（新年の集まりには財界人のそうそうたる顔ぶれが皆集まった）のように、ある分野を代表するような、何本かの指に数えられるような人物や、事物を指すときに使われます。人間以外の場合では세계의 **내로라 하는** 축제를 한꺼번에 소개한다（世界のこれはと思える代表的祝祭を一度に紹介する）などがあります。내로라という言葉の意味は、昔

の言葉の用法で **나라고 하면 다 알 만한 사람이로다**（私だと言えば誰でも知っているほど有名な人だ）に由来するそうです。

● 너 죽고 나 죽자
おまえを殺して私も死のう

その昔、東映の任侠映画で刀を持った健さんが、たった一人で敵の所に向かう場面を思わせるようなセリフです。かなり追いつめられて、他に方法がないときにダメもとで思いきってぶつかってみるという、自暴自棄的な状況や何があっても反対しようとするときなどに使われます。これに対して「死に物狂いで」という良い意味で使う言葉に **죽기 살기로** がありますが、四字熟語では **사생결단**〈死生決断〉とも言います。ヤケクソで何かするときは **에라, 모르겠다!**（どうにでもなれ）なんて言葉も聞きます。

> 네가 대학을 그만두겠다는 생각을 부모님이 아신다면 "이놈아 **너 죽고 나 죽자**"며 난리가 날거야！
> （おまえが大学を辞めるという考えをご両親が知ったら「こいつ、おまえを殺して私も死んでやる」と大騒ぎになるぞ！）

● 도장을 찍다
自分のものと見なす

もちろん、ハンコ（도장）を押すという意味でも使いますが、「これは自分のもの」とする契約書を作る、というような意味から暗に心の中で自分のものと決めることを指すようにもなったようです。また、男女関係では、相手を自分の恋人にすると決心するような場合にも使いますね。**손도장을 찍다**（☞ 手形を採る）、**발도장을 찍다**（☞ 一歩を刻む）、**눈도장을 찍다**（☞ 自分の存在をアピールする）など、도장にもいろいろあるようです。

> 걔, 내가 먼저 **도장 찍었으니까** 너희들은 접근하지 마!

（あの子は僕が先に目をつけたんだからおまえらは近づくなよ）

◉ 뚱딴지같은 소리
とんでもないことを言う

뚱딴지は菊芋というイモの一種で、サトイモに似ていますが、形はごつごつして不揃い、ブタイモという別名があるほどブサイクだと言われます。その外見から連想されるのか無愛想で、頑固者、愚鈍な人を指す言葉としても使われたそうですが、今は **뚱딴지같은 소리 하지 마！**（くだらないこと言うな）というように、見当外れで理解不能なことを言う人に向かってたしなめるときによく使われています。四字熟語に、**동문서답**〈東問西答＝とんちんかんな答え〉というのもあります。

◉ 말도 마세요
さんざんでしたよ

到底、言葉では表現できないようなひどい状況であることを訴えるときに言う言葉ですが、집 짓는 고생, **말도 마세요**（家を建てる苦労といったら、そりゃもう）とか、산사태 피해가 심했지요？（山崩れの被害がひどかったでしょ？）、**말도 마세요. 집도 담장도 다 무너져 안에 있던 것은 모두 생매장됐다니까요**（ひどいなんてもんじゃないですよ。家も塀もみんな崩れて、中にあったものは全部埋まっちゃったんですから）のように、その時の話の内容によって日本語は工夫しなければなりません。他に **말이 되다**（☞ 理屈に合う）、**말도 안 되다**（☞ お話にならない）などの表現もあって、말を使う言い方は様々です。

● 말이 아니다

ひどいものだ

　言葉では表わせないくらいひどい状態であることを言います。病気や体調を崩したときに **얼굴이 말이 아니다**（☞ 半病人の顔だ）と言えば健康なときの顔に比べてやつれたり、生気を失ったような様子を表わし、しばらく家を空けて留守にしていたら 집안의 모양이 **말이 아니다**（☞ 家の中がむちゃくちゃだ）では散らかり放題で収拾がつかないような状態だったということになります。

● 모르긴 몰라도

断定はできないけれど

　何かを主張したり、推測するときに初めに100％そうではないと断っておくというのは、責任逃れの予防線だとか、自分の考えを絶対のものでないと謙遜していることだとか見方が分かれるようですが、どちらの意味合いも兼ねているのかもしれません。

　　모르긴 몰라도 이번 선거에서는 여당이 이길 것 같다.
　　（絶対とは言えないけれど、今度の選挙では与党が勝つと思う）
　　아마 **모르긴 몰라도** 달라질 가능성이 많다.
　　（おそらくかなりの確率で変わる可能性が高い）

● 비비 꼬다

皮肉っぽく言う

　もともと **비비 꼬다** は「紙や紐をよじる」という意味があることから、ストレートにはっきり言うのではなく、遠回しに相手を非難するような言い方を指すようになったようです。

　　비비 꼬지 말고 솔직하게 이야기하는 게 낫다.
　　（持って回った言い方をしないで、率直に話すほうがいい）

ところが、**비비꼬이다**となると、「ことがややこしくもつれる」という表現で、韓国ドラマなどを見ていると話が二転、三転、비비꼬여서、結末がどうなっていくのか、最後まで見ないではいられなくなるというわけですね。

●뺨치다

負けずとも劣らない、〜並みだ

뺨、볼、따귀 は「頬」という意味で使われる言葉で、「ビンタをする」という意味では **뺨(따귀) 때리다**、殴られる場合は **뺨(따귀) 맞다** というように分かち書きをしますが、**뺨치다** は一つの単語として扱われています。たいてい有名なものや人と比べて、それに負けないほど(ビンタをくらわすくらい)すごい、同じくらいのレベルだとほめるニュアンスで使われます。

　　집에서도 시판과자 **뺨치는** 맛있는 쿠키를 만들 수 있어요.
　　(家でも市販の菓子に負けない美味しいクッキーが作れます)

厳密に言えば 뺨 は耳からあごにかけての広い部分で、真ん中のふくらんだ部分を 볼 と言って区別しますが、実際は、**볼에(뺨에) 흐르는 눈물** や **볼이(뺨이) 빨개졌다** のように同じものとして使われることが多いようです。

●삽질하다

むだな骨折りをする

〜질하다 という表現は **양치질하다、다리미질하다** のように、ハミガキ、アイロンという名詞について、それらを使って何らかの行動するという意味を表わしています。삽 はスコップですから、それを使って行うのは土を掘ること。ところがいつの間にか「何の成果もなく辛い思いをして土を掘り返しただけ」という意味から、「むだな骨折り」に変わってしまいました。そこから、一見報われないように見えるけれど、

こつこつと地道な準備作業をすることを表現するのに使うこともあるようです。ただし、포크레인 앞에서 삽질하기(p17参照)は文字通り「スコップで掘ること」です！

　힘들게 일을 마쳤는데 괜히 **삽질했나** 봐.
　（苦労して仕事を終えたけど無駄骨を折ったみたいだ）

●생색 내다
恩着せがましくする

「恩着せがましい」という言葉自体がわかりにくいかもしれませんが、たとえば、自分が苦労したわけでもないのに、結果的に相手にプラスになるようなことがあったとき、나한테 고마워하라고 **생색 냈다**（自分に対して感謝しろと恩着せがましく言った）と言います。また、**생색 내기**という名詞の形で、「見せかけ」の意味で使うことがあります。

　정부의 복지 대책은 **생색 내기에** 지나지 않다.
　（政府の福祉対策は見せかけのものにすぎない）

●싸가지 없다
礼儀を知らない、救いようがない

もともとは **버릇 없다**（不作法だ）の全羅道方言といわれますが、わがままで、利己主義、常識を知らず、マナーがない、謙虚さもなく、でしゃばりな、人を不愉快にするあらゆる要素を備えた人を指して言う、俗語だそうです。日本語でも「うざい」というのが元は方言だったと言いますから、ちょっと似たケースなのかもしれません。インターネットの掲示板などには、**싸가지 없는** 애를 어떻게 하면 좋을까（救いようのない奴をいったいどうすればいいか）という書き込みがあふれています。でも皆さんはこんな言葉は使わないほうが無難だと思いますが…。

● 아니나 다를까
案の定、やはり

予想通りになったとき、**아니나 다를까** 휴일에 백화점은 북적거리고 있었다（思った通り休日にデパートは賑わっていた）と言いますが、似たような表現に、**그러면 그렇지**（思った通り、それはそうだ）や、相手の言うことに同意してさらに付け加えるときに使う、**아닌 게 아니라**（本当に、まさしく）のように、同じ言葉を重ねたり、二重否定をするような表現は、その人が言いたいことを強調するという意味合いがあるようです。

아닌 게 아니라 요즘 드라마에선 아이들의 활약이 눈에 띈다.
（本当に最近のドラマでは子どもたちの活躍が目立つ）

● 인상을 쓰다
険しい顔つきをする

인상は「人相＝顔」のことですが、顔の筋肉や眉間のシワのことを指すことがあります。ここでは 쓰다 がしかめ面をするという意味で使われています。似たような表現に **얼굴을 찡그리다、눈살을 찌푸리다** などがありますが、いずれも顔をしかめるということです。そんな表情をしていると見る人に良い印象を与えることはできませんし、いつの間にかシワが増えてしまうそうですから、なるべく 인상을 쓰지 마세요！

지하철을 이용하면서 **인상을 쓰는** 일이 많아요.
（地下鉄を利用していると不愉快なことが多いです）

● 죽을 죄를 짓다
取り返しのつかないことをする

これもドラマなどで（特に時代劇）でよく聞くセリフです。**죽을 죄를 지었습니다！** 저를 죽여 주시옵소서（取り返しのつかないことを

してしまいました！私を殺してくださいますよう）、**죽을 죄**（死に値する罪）とは言うものの、そう言って殺されたためしはありませんが、本当に心から悔いているという気持ちが感じられない言い方だったら、もしかしたら危ないかも。もっとも日本語でも「万死に値する」などという言い方があります。「死ぬ」という表現を使ったややオーバーな言葉に、심심해서 **죽는 줄 알았다**（退屈で死ぬかと思った）、**치명적인 매력의 소유자다**（致命的な魅力の持ち主だ）、배가 고파서 **죽을 뻔 했어요**（お腹が空いて死にそうでした）等々、過激な言葉があふれています！

●직성이 풀리다

気が済む

朝鮮時代後期に書かれた『東国歳時記』という記録によれば、年齢によって人の運命をつかさどる九つの **직성**〈直星〉があって、9年に1度の周期で回帰するそうです。土直星、水直星、金直星などで、それぞれ吉凶があるので凶から吉に変われば **직성이 풀리다**（凶運の星から解き放たれる）となりますが、そこから願いや欲望が叶って気持ちがすっきりするときに、こう言うようになったそうです。普通、〜**아 / 어야**（〜てこそ、〜て初めて）の後に来ることが多いようです。

　마음에 드는 것은 꼭 사야 **직성이 풀린다.**
　（気に入ったものは必ず買わなければ気が済まない）

●쪽팔리다

恥ずかしい

쪽という言葉にはいろいろ説がありますが、よく言われるのは「顔」という意味。팔리다は売れるですが、「たくさんの人に顔が知られること」とも取れるし、「売れる＝なくなる」で、体面がなくなるということから、恥ずかしい、すなわち **부끄럽다、창피하다** と解釈することも

できるかもしれません。会話ではよく使われていますが、これも俗っぽい言葉ですから、「体面を重んじる方」はあまり使わないほうがいいかもしれません。

　　질문이 너무 초보적이라 **쪽팔려요**.
　　(質問があまりに初歩的で恥ずかしいです)

○ 하루가 멀다 하고
毎日のように

「1日が遠いと感じられて待てない」から次の日も、また次の日も…ということになるわけです。どちらかというとニュースなどで見かけるのは、あまり歓迎されないことが毎日のように起きているというときですが、「日進月歩」(これも古い表現ですね)で良くなっていくものもあります。悪い例を挙げれば、**하루가 멀다 하고** 술을 퍼먹다(毎日のように酒を浴びるように飲む)、良い例では **하루가 멀다 하고** 최신 스마트 폰이 출시되다(毎日のように最新スマートホンが発売される)などでしょうか。また、**날이면 날마다** は「1日も欠かさず、日に日に」という意味で使われます。

　　날이면 날마다 당신 생각에 잠을 못자요.
　　(日ごと夜ごとあなたを想って眠れない)
これはぜひ覚えておいてください！！

おまけのオマケ
——あとがきにかえて

　こうして一冊の本にまとめてみると、何気なく使われている言葉の中に、味わいのある表現や思いもよらない背景が隠されているものがたくさんあることに気づかされます。これまで紹介した様々な表現を通じて、読者の皆さんが朝鮮半島に暮らす人々の息遣いに、少しでも触れることができたと感じられたら幸いです。終わりに、これまで日本で隣国の言葉を学んでこられた方たちが残した、エッセイや記録などを少しご紹介したいと思います。古くは江戸時代に朝鮮通信使との交流を支えた対馬の雨森芳州（あめのもり・ほうしゅう）から始まって、近代日本が植民地支配をした時代にも暗闇にかすかな明かりをともすように、心の交流を求めて学び続けた人たちがいたと言われますが、ここではもう少し近い時代のものをご紹介します。

　梶井陟『朝鮮語を考える』（1980　龍渓書舎）は1970年代に『三千里』という季刊雑誌に連載されていた文章を集めた本。主に植民地時代に朝鮮語がどのように扱われていたか、日本人はどう考えていたのかというテーマで、言葉を学ぶことの歴史的意味を考えさせてくれる著書です。同じタイトルの本で『朝鮮語を考える』（塚本勲著　2001　白帝社）は長年にわたって朝鮮語教育にあたってきた著者が60〜70年代に『世界』などの雑誌に掲載した文章を収録、紹介していますが、NHKに朝鮮語講座開設を求める運動や、朝鮮語大辞典の編纂にまつわるできごとなど、韓流ブームが起きるはるか以前、言葉を学ぶ状況はどんなものだったかを教えてくれます。『ソウル遊学記－私の朝鮮語小辞典』（長璋吉著　1973　北洋社のちに河出文庫）は著者が1968〜70年に延世大学に留学していた時の様々な体験や思いを、言葉を手がかりに綴った本。堅苦しい内容の本が多かった時代に、軽妙な文体と文明批評的な視点が新鮮ですが、続編にあたる『普段着の朝鮮語』（河出文庫）と共に現在は品切れです。図書館などで探すか、古本を求めなくてはなりません。

　1980年代に入ると、肩ひじ張らない韓国紹介本がいろいろ出てくるようになりました。88年に『ふだん着のソウル案内』を書いた戸田郁子さんの、

『ハングルの愉快な迷宮』（2009 講談社プラスアルファ文庫）は、韓国人と結婚して韓国に暮らす著者が、日々の生活のなかで出会う言葉を選んで人々の暮らしぶりを伝えてくれます。著名な詩人である茨木のり子さんが50歳を過ぎてから学んだと言う韓国語への思いや、旅先で出会った人々について優しく語った『ハングルへの旅』（1986　朝日新聞社のち朝日文庫）には詩人の感性が息づいているように思えます。茨木さんは後に『韓国現代詩選』という訳書（1990　花神社）を出して読売文学賞を受賞するほど言葉の習得に打ちこんだことに、あらためて大きな感動を覚えることができると思います。

　末尾となりましたが親しみやすく心温まるさし絵によって、言葉の持つ豊かなイメージをふくらませてくださった朴民宜さんにこの場をお借りして感謝いたします。

2013年7月　著者

索 引

※数字は項目の出てくる頁を示します。

• ㄱ

가는 날이 장날	139
가을을 타다	95
간에 기별도 안 간다	129
갈피를 못 잡다	151
감을 잡다	104
감칠맛 나다	20
감투를 쓰다	121
갓 이사 와서 팥죽을 쑤어 먹으면 부자가 된다	61
강남 갔던 제비	58
강아지	50
개고생	50
개꿈	50
개는 짖어도 기차는 달리다	145
개똥번역	50
개망신 당하다	50
개죽음	50
개천에서 용 난다	49
개판	50
거미가 집을 지으면 비가 그친다	92
거북 운행	55
거북목 증후군	55
걸음아 날 살려라	151
겁을 먹다	95
겨울 날씨가 몹시 추우면 여름에 질병이 없다	63
결혼식 날 신부가 화내면 첫아들을 낳는다	63
계집애	124
고기는 씹어야 맛을 안다	18
고드름 장아찌	93
고드름 초장 같다	93
고래 싸움에 새우등 터진다	56
고무신 거꾸로 신다	143
고주망태	10
고집을 부리다	153
고추 당추 맵다해도 시집살이 더 맵더라	29
고통이 오장육부를 찌르다	103
곤장을 내다	122
골머리를 썩이다	151
골머리를 앓다	151
곰같은 여자	51
곰이 막걸리를 거르던 때	51
공자 앞에서 문자 쓰기	17
공주병에는 약도 없다던데	118
공짜를 좋아하면 대머리가 된다	60
"광" 하나는 가지고 살아라	146
국수를 먹다	25
굴뚝 같다	152
귀가 가렵다	130
귀가 얇다	130
귀동냥	131
그 아버지에 그 아들이다	152
그게 그거다	152
그놈이 그놈이다	152
그러면 그렇지	160
그렇고 그런 사이	153
그림이 좋다	74
극성을 부리다	153
금실이 좋다	15
기러기 아빠	40
긴 병에 효자가 없다	32
김칫국부터 마신다	9
까마귀 고기를 먹었나	57
까마귀가 검어도 살은 희다	57
까마귀도 칠월 칠석은 안 잊어 버린다	105
까치 걸음	57
까치발	57
까치설	57
깨가 쏟아지다	14

깨소금 냄새가 나다	15	눈이 높다	129
꼬리에 꼬리를 물고	153	눈이 빠지도록	131
꽁무니를 빼다	154	눈치가 빠르다	104
꽃샘추위	94	눈치가 없다	104
꽃신을 신다	144	늦추위	94
꽃잠	55	님보고 뽕도 딴다	16
꿈에 똥을 만지면 운이 트인다	61		
꿈에 웃으면 낮에 우는 일이 생긴다	62	**• ㄷ**	
꿈에 이가 빠지면 가족 중 한 사람에게 나쁜 일이 생긴다	62	다 파먹은 김칫독	12
꿈자리가 사납다	91	다리를 떨면 복이 달아난다	59
꿩 구워 먹은 자리	16	다문화가정	41
꿩 대신 닭	16	더위를 먹다(타다)	94
꿩 먹고 알 먹는다	16	도둑잠	55
		도장을 찍다	155
• ㄴ		돈벼락을 맞다	89
나비잠	55	돈이 양반이라	115
나이를 먹다	25	동문서답	156
난장을 치다	122	돼지 꼬리 잡고 순대 달란다	54
날벼락을 맞다	89	돼지 꿈	53
날씨가 맵다	29	돼지 우리에 주석 자물쇠	53
날이면 날마다	162	되는 놈은 버리기만 해도 난다	146
남의 잔치에 감 놓아라 배 놓아라 한다	135	둘이 먹다 한 사람이 죽어도 모른다	19
남자가 밥상 귀퉁이에 앉으면 출세를 못한다	60	땅을 보고 걷는 사람은 성공하지 못한다	59
남자는 하늘 여자는 땅	85	떡 본 김에 제사 지낸다	147
낮말은 새가 듣고 밤말은 쥐가 듣는다	45	떡국을 먹다	25
낯을 가리다	131	뗄래야 뗄 수 없는	75
낯이 간지럽다	131	뚱딴지같은 소리	156
내 코가 석자	130		
내닫기는 주막집 강아지라	135	**• ㅁ**	
내로라 하는	154	마른 하늘에 날벼락	85
내일은 또 내일의 바람이 분다	90	마음에 담아두다	67
너 죽고 나 죽자	155	말도 마세요	156
너그러이 봐 주다	129	말도 안 되다	156
녹초가 되다	13	말이 되다	156
눈 밖에 나다	130	말이 아니다	157
눈살을 찡그리다	160	맞장구를 치다	142
눈에 흙이 들어가다	129	머리를 싸매다	129
		머리에 피도 안 마르다	129
		머슴아	124
		먹구름이 깔리다	91

먼 산이 뚜렷이 보이면 비가 온다	92	밤에 빨래를 널면 도깨비를 만난다	59
멍석잠	55	밤에 손톱을 깎으면 귀신이 나온다	59
모래 사장에서 바늘 찾기	39	배가 남산만 하다	22
모르긴 몰라도	157	배부른 놈이 잠도 많이 잔다	21
모르는 게 약이다	102	배부른 소리 하다	21
몹쓸 병	68	백년가약	70
못 먹어도 고	145	백일 잔치	108
무궁한 발전을 기원합니다	111	버스 지나간 뒤에 손 흔든다	144
무서움을 타다	95	번데기 앞에서 주름 잡기	17
무한리필	111	범 잡은 상	48
물 건너간 일	87	범에게 날개	48
물고기가 물 위에 입을 내놓고 호흡하면 비가 온다	92	벼락부자	33, 89
		벼락을 맞다	89
물귀신작전	88	벼락치기	88
물러설 때를 알아야 하다	108	병자년 방죽이다	123
물밑 작업	88	보기 좋다	74
물불 가리지 않고	88	보기 좋은 떡이 먹기도 좋다	18
물에 빠진 사람은 지푸라기라도 잡는다	12	보자보자하다	34
미역국을 먹다	10	부끄럼(수줍음)을 타다	95
미운 정 고운 정	75	부잣집 외동딸	32
		부전자전	152
		불길한 예감이 들다	91

• ㅂ

바가지를 긁다	138	비비 꼬다	157
바가지를 쓰다	138	비비 꼬이다	158
바가지요금	139	비행기를 태우다	145
바깥 바람을 쐬다	41	빛 좋은 개살구	50
바늘 가는 데 실 간다	77	뺨치다	158
바늘과 실	77		

• ㅅ

바람을 쐬다	90	사돈의 팔촌	30
바람을 잡다	90	사돈집과 뒷간은 멀수록 좋다	30
바람을 타다	90	사람은 인생을 속아서 산다	102
바람을 피우다	91	사모 쓴 도둑놈	121
바람이 불다	90	사족을 못 쓰다	131
바람처럼 왔다가 이슬처럼 사라지다	90	사촌이 땅을 사면 배가 아프다	30
발목 잡히다	131	산 사람이 죽었다고 소문 나면 그 사람은 명이 길다	63
발이 떨어지지 않다	131		
발이 묶이다	131	산넘어 산이다	84
밤에 거울을 보면 남에게 미움을 받는다	61	산소 등에 꽃이 핀다	137
		산전 수전 다 겪었다	84
밤에 머리를 빗으면 근심이 생긴다	61	삼대 독자	33

삼밭에 쑥대	77
삼재 팔난의 액년	124
삽질하다	158
상사병에 걸리다	68
상여가 나갈 때는 길을 가로질러 걷지 않는다	62
상전벽해	83
상투를 잡다	121
상투를 틀다	121
새 바람을 불어 넣다	41
새 장이 열리다	41
새도 가지를 가려 앉는다	77
새발의 피	46
새삼스레	88
새우잠을 자다	55
새우잠을 자도 고래꿈을 꿔라	56
생색 내다	159
서당개 삼년이면 풍월을 읊는다	50
서리추위	94
서울에서 김서방 찾기	39
성미가 맵다	29
세상에 공짜는 없다	60
소 잃고 외양간 고치기	144
소매 긴 김에 춤춘다	147
손돌이추위	94
손이 맵다	131
손이 빠르다	131
술이/술에 떡이 되다	10
술친구는 친구가 아니다	76
시작이 반이다	100
시집 가다	29
시집살이 9년	29
십년이면 강산도 변한다	83
싸가지 없다	159
싸리 밭에 개 팔자	126
싸리말 태우다	126
씨름에 진 놈이 말이 많다	128
씨름하다	127

• ㅇ

아니나 다를까	160
아닌 게 아니라	160
아침에 까치가 울면 기쁜 소식이 온다	56
아침에 까치가 울면 반가운 손님이 온다	56
안성맞춤	140
애를 먹다	95
애지중지	33
약방의(에) 감초	136
양반은 죽어도 문자를 쓴다	115
어른에게 드릴 물을 자기가 먼저 마시면 그릇에 입이 붙는다	60
어른이 수저를 들어야 아랫사람이 수저를 든다	28
어리광 부리다	33
얼굴을 찌푸리다	160
얼굴이 꽹과리 같다	130
없던 걸로 하다	88
엎드려 자면 빌어먹게 된다	59
엎어지면 코 닿을 데	147
엎어진 김에 쉬어 간다	3, 147
여우같은 여자	51
여우비	48
여자가 음성이 크면 과부가 된다	60
열 길 물 속은 알아도 한 길 사람 속은 모른다	108
열 번 찍어 안 넘어가는 나무 없다	107
열 손가락 깨물어 안 아픈 손가락 없다	108
엿장수 마음대로	19
영구차를 본 후 주먹을 쥐고 집에 들어오면 먹을 것이 생긴다	63
옆집 처녀 믿다가 장가 못간다	29
오냐오냐 하다	33
오는 정이 고와야 가는 정이 곱다	75
오르지 못할 나무는 쳐다보지도 말라	108
오장육부를 토해 내는 소리	103
오장이 뒤집히다	103
오장이 바뀌다	104
오장이 찢어지다	104

옷은 새 옷이 좋고 사람은 옛 사람이 좋다
··· 77
욕 먹다 ·· 95
용꿈을 꾸다 ······································ 49
우리 친구 하자 ································· 76
우물 안 개구리는 대해를 모른다 ······ 99
응석을 받다 ······································ 33
응석을 부리다 ··································· 33
이름을 빨간 것으로 쓰면 죽는다 ······ 62
이사간 첫 날은 거꾸로 자야 귀신이 들어
오지 않는다 ····································· 61
이웃 사촌 ··· 30
인상을 쓰다 ··································· 160
일편단심·· 73
입만 아프다 ··································· 130
입이 가볍다 ··································· 129
입이 열 개라도 할 말이 없다 ········ 108
입이 찢어지다 ································ 130

• ㅈ
자기 배부르면 남의 배고픈 줄 모른다
··· 21
작심삼일·· 100
장가 가다 ··· 29
장군! 멍군!······································ 119
장단을 맞추다 ································ 143
장대추위··· 94
장독에 메밀 꽃이 피면 장맛이 좋다 63
장마는 나이 많은 아내 잔소리와 같다
··· 92
장보러 가다 ··································· 140
재수가 없다 ····································· 59
재수가 좋다 ····································· 59
재수를 따지다 ·································· 59
전화위복·· 62
정들자 이별 ····································· 67
정을 주다 ··· 67
정이 들다 ··· 67
정이 떨어지다 ·································· 67
제 눈에 안경····································· 75
족보에 없는 ··································· 116

종달새가 울면 비가 온다 ················ 92
죽을 죄를 짓다································ 160
줄 없는 거문고································ 142
줄행랑을 치다 ································ 154
쥐 죽은 듯이····································· 45
쥐구멍에도 볕 들 날 있다 ··············· 45
쥐꼬리만하다···································· 46
쥐도 새도 모르게······························ 45
지나가던 개가 웃는다······················ 49
지나침은 모자람만 못하다············· 117
직감에 의지하다 ···························· 104
직성이 풀리다 ································ 161
진날 개 사귄 것 같다 ····················· 77
짐작이 맞았다 ································ 104
집이 불 타는 꿈은 집안이 흥할 징조 62
짬밥을 먹다 ····································· 25
쪽팔리다··· 161

• ㅊ
처녀가 아이를 낳아도 할 말이 있다 137
처삼촌 뫼(=무덤)에 벌초하듯 ········ 137
처음 개장한 가게에서 빨간 속옷을 사면
재수가 좋다 ····································· 62
천만 다행입니다 ···························· 110
천만의 말씀 ··································· 109
천생배필··· 70
천생연분··· 69
첫눈에 넘어지면 재수가 좋다 ········ 62
첫눈을 세번 집어 먹으면 감기에 안 걸린
다·· 62
첫눈을 함께 맞은 연인은 평생을 함께 산
다·· 62
추위를 타다 ····································· 94
충격을 먹다 ····································· 95
치마폭이 넓다 ································ 135
친구 따라 강남 간다 ······················· 76

• ㅋ
칼로 물 베기···································· 87
칼잠·· 56
코가 납작해지다 ···························· 130

코흘리개·················· 131
콩가루가 되다 ············· 14
콩가루 집안 ··············· 13
콩밥을 먹다 ··············· 25
큰 일이 있을 때 외삼촌 숟가락을 훔쳐 밥
을 먹으면 액땜을 한다 ········· 63

● ㅌ
토끼잠······················ 55
투정 부리다 ················ 33

● ㅍ
파김치가 되다 ·············· 12
팔자가 늘어지다 ············ 106
팔자가 세다 ················ 106
팔자를 고치다 ·············· 106
포크레인 앞에서 삽질하기········ 17
핑계 없는 무덤 없다 ·········· 137

● ㅎ
하나 하면 둘 한다 ············ 99
하나를 보고 열을 안다 ········· 99
하나만 알고 둘은 모른다 ········ 99
하늘 높은 줄 모르다 ··········· 85
하늘 보고 침 뱉기 ············ 85
하늘과 땅 차이··············· 85
하늘의 별 따기··············· 85
하늘이 무너져도 솟아날 구멍이 있다 85
하늘 천 하면 검을 현 하다 ······ 87
하루가 멀다 하고············· 162
한 귀로 흘리다··············· 100
한 눈 팔다·················· 100
한 배를 타다 ················ 100
한 우물(만) 파다 ············· 100
한도 끝도 없다··············· 111
함흥차사···················· 141
해가 기울어지다 ·············· 96
해가 뜨면 달이 지고, 달이 뜨면 해가 지
고························ 96
해가 서쪽에서 뜨다 ············ 95
햇빛을 보다 ················· 96

행주치마···················· 141
행차 뒤에 나팔··············· 144
행패를 부리다 ··············· 153
헤아릴 수 없다··············· 111
형 아우하면서 지내다·········· 36
형만 한 아우 없다 ············ 36
호랑이 담배 피울 적 ··········· 47
호랑이 안 잡았다는 옛 늙은이 없다 48
호랑이 장가 간다············· 48
호랑이도 제 말하면 온다 ······· 48
혼자 북 치고 장구 치고········· 142
홀아비 집 앞의 길이 보얗고 홀어미 집 앞
은 큰길 난다 ················ 40
홀인원 하면 3년동안 재수가 좋다 ··· 62
화촉을 밝히다 ··············· 29
활 당긴 김에 콧물 씻는다 ······· 147
황소 걸음 ··················· 47
황소 고집 ··················· 46
황소 뚝심 ··················· 46
황소 바람 ··················· 47
효도관광···················· 31
효자손······················ 131

著者紹介
村山　俊夫（むらやま　としお）
1953 年東京生まれ。千葉大学中退。工場勤務などを経て、83 年より韓国・朝鮮図書資料室「緑豆文庫」開設。86 年にソウルに語学留学。88 年、日本語講師として再渡韓。帰国後は通訳・観光案内業に従事。2004 年放送大学卒業。卒論を通じて、書く楽しさを知る。現在、韓国語教室「緑豆楽院」代表。
http://www.nokuto-gakuin.com/
主要著書『アン・ソンギ──韓国「国民俳優」の肖像』（岩波書店）

韓国語おもしろ表現　転んだついでに休んでいこう

2013 年 7 月 5 日	印刷
2013 年 7 月 30 日	発行

著　者 © 村　山　俊　夫
発行者　　及　川　直　志
組版所　　株式会社アイ・ビーンズ
印刷所　　研究社印刷株式会社

発行所　101-0052 東京都千代田区神田小川町 3 の 24
　　　　電話 03-3291-7811（営業部），7821（編集部）　株式会社　白水社
　　　　http://www.hakusuisha.co.jp
　　　　乱丁・落丁本は送料小社負担にてお取り替えいたします。

振替 00190-5-33228　　　Printed in Japan　　　誠製本株式会社

ISBN978-4-560-08637-7

▷本書のスキャン、デジタル化等の無断複製は著作権法上での例外を除き禁じられています。本書を代行業者等の第三者に依頼してスキャンやデジタル化することはたとえ個人や家庭内での利用であっても著作権法上認められていません。

白水社の韓国語参考書

日本語から考える！韓国語の表現
前田真彦／山田敏弘［著］

韓国語のプロと日本語のプロが力を合わせた画期的な一冊．文法だけではわからない日本語との発想の違いを楽しみながら，日本語の自然な表現を韓国語にしていく過程を伝授します．　四六判　165頁

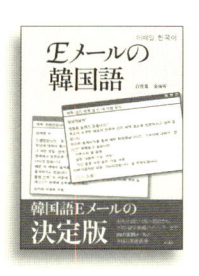

Eメールの韓国語
白宣基／金南听［著］

韓国語のEメールは，相手との上下関係や距離感によって敬称や語尾をつかい分けることがポイント．ハングルの入力方法から，様々な場面における文例と関連表現までを丁寧な解説で．　A5判　185頁

鯨とり
対訳シナリオで学ぶ韓国語
崔仁浩［脚本］　林原圭吾［編訳・注］

1980年代を飾る韓国映画史上の記念碑的ロードムービーのシナリオを韓日対訳で収録．詳細かつ丁寧な文法解説付き．時代背景や韓国事情，字幕の舞台裏などについてのコラムも充実．　A5判　147頁